LUCIEN RIVARD
LE CAÏD
AU CŒUR DU SCANDALE

LUCIEN RIVARD
LE CAÏD
AU CŒUR DU SCANDALE

BENOIT GIGNAC

PRÉFACE : Fabienne Larouche et Michel Trudeau
POSTFACE : Yves Boisvert

LES ÉDITIONS
voix para//è/es

Catalogage avant publication de Bibliothèque et Archives nationales du Québec et Bibliothèque et Archives Canada

Gignac, Benoit, 1955-

Lucien Rivard : le caïd au cœur du scandale
Comprend des réf. bibliogr.

ISBN 978-2-923491-09-7

1. Rivard, Lucien. 2. Corruption (Politique) - Canada. 3. Canada. Enquête publique spéciale 1964. 4. Trafiquants de drogues - Québec (Province) - Biographies. I. Titre.

HV6248.R58G53 2008   364.1'77092   C2008-940241-3

Éditrice déléguée :
SYLVIE LATOUR

Infographie :
MARC LEBLANC

Conception de la couverture :
BENOIT MARTIN

Photo de la couverture 1 :
RENÉ PICARD/LA PRESSE

Révision :
SOPHIE SAINTE-MARIE

L'éditeur bénéficie du soutien de la Société de développement des entreprises culturelles du Québec (SODEC) pour son programme d'édition et pour ses activités de promotion.

L'éditeur remercie le gouvernement du Québec de l'aide financière accordée à l'édition de cet ouvrage par l'entremise du Programme de crédit d'impôt pour l'édition de livres, administré par la SODEC.

Nous reconnaissons l'aide financière du gouvernement du Canada par l'entremise du Programme d'aide au développement de l'industrie de l'édition (PADIÉ) pour nos activités d'édition.

Dépôt légal – 2e trimestre 2008

ISBN 978-2-923491-09-7

Imprimé et relié au Canada

LES ÉDITIONS
voix para//è/es

Président :
ANDRÉ PROVENCHER

Les Éditions Voix parallèles
7, rue Saint-Jacques
Montréal (Québec)
H2Y 1K9

514-285-4428

À mon père qui connaissait des bandits et qui a toujours rêvé de jouer un inspecteur. Je suis certain qu'il aurait dévoré ce livre.

TABLE DES MATIÈRES

Préface

Le mythe « Rivard »

Certains individus attirent l'attention par une audace hors du commun et une personnalité excentrique. D'autres se font remarquer par l'influence qu'ils détiennent. D'autres encore profitent d'un capital de sympathie inégalé en dépit de la nature illicite de leurs activités. Lucien Rivard aurait pu appartenir à chacune de ces trois catégories.

Ceux qui l'ont connu le décrivent comme un homme trapu, à l'œil plissé d'ironie et au sourire généreux. Lucien n'avait rien d'une vedette de Hollywood, mais il possédait néanmoins un certain charisme. Sa personnalité était à l'avenant. D'une discrétion naturelle, l'homme sera au sommet de sa carrière à la fin des années 1950 et occupera une place prépondérante sur les listes de la GRC, du FBI et de la DEA jusqu'à son arrestation en 1964. Après un procès que ses proches qualifieront de « bâclé », Lucien sera condamné à une peine de 20 ans pour importation d'héroïne sur le territoire américain. Il restera incarcéré un peu moins de 10 ans à Lewisburgh, en Pennsylvanie, jusqu'à son retour au

Québec en 1975, puis disparaîtra de la scène publique jusqu'à son décès en 2002.

Avant son arrestation, Lucien Rivard était connu des policiers et des habitués de la Plage idéale, son domaine de Laval, mais il n'était pas flamboyant. Ce n'est que beaucoup plus tard, à la faveur de la publication du livre de Jean-Pierre Charbonneau[1], que l'on évaluera clairement l'étendue de ses activités et de ses accointances. Chevillé au monde interlope italien, Rivard parcourt le monde. Grand gérant des « affaires » de La Havane, des casinos et des boîtes de nuit, il profite de toutes les opportunités. L'effervescence économique de l'après-guerre, le baby-boom et l'avidité financière des grands groupes industriels en développement créent un terrain favorable aux activités des organisations criminelles. Gavé de comics strips pendant sa jeunesse, Rivard voulait devenir cow-boy. Devenu adulte, il prendra les moyens pour satisfaire cet appétit pour l'aventure.

Cet homme insaisissable aurait résisté toute sa vie au désir d'occuper l'espace médiatique s'il n'avait alimenté les manchettes, entre 1963 et 1965, après une évasion légendaire et la cavale qui s'ensuivit. Pendant cette courte période de liberté, Lucien envoie des lettres à Lester B. Pearson, comme s'il s'agissait d'un ami fidèle. Sursaut d'orgueil ? Réaction narcissique de panique ? Rivard n'apprécie certainement pas d'avoir perdu la partie face à Bobby Kennedy. Il est repris quelques semaines plus tard. Sa mise en scène humoristique cesse avec sa capture. On ne l'y reprendra plus. Lucien restera ensuite discret jusqu'à sa mort.

Les amitiés de Rivard dans l'entourage du Parti libéral du Canada de l'époque lui avaient pourtant

permis de résister un temps à la demande d'extradition de Kennedy. Nous sommes à la fin de l'ère
Pearson. Le dauphin du Prix Nobel de la paix
s'appelle Guy Favreau, un homme intègre et respecté.
La carrière politique de Favreau ne résistera pas à
la mise à jour des tractations des amis de Rivard
pour lui éviter l'extradition. Favreau démissionnera
à la suite d'un scandale qui n'avait rien à envier à
l'affaire des commandites : son départ ouvrira la
porte à Pierre-Elliott Trudeau...

Dans American Tabloïd[2], le premier tome de
sa trilogie sur les années Kennedy, James Ellroy introduit un personnage canadien français du nom de
Pierre « Pete » Bondurant. Bondurant est une sorte
de courtier qui fait le trafic des armes et de la drogue.
Il transige avec la CIA et les organisations criminelles. L'armée américaine est son fournisseur. Le
tiers-monde est son terrain de jeu ; l'Amérique, sa
maison. Lucien Rivard ressemble à Pete Bondurant
comme un frère. C'est en lisant ce roman que l'idée
nous est venue de fouiller davantage l'histoire du
« personnage » Rivard. Le regretté comédien Claude
Blanchard, qui fréquentait le caïd depuis des années,
nous a confirmé l'importance de l'homme dans le
« milieu ».

Il est toujours périlleux de faire d'un bandit un
héros, mais ce processus étrange n'a pas besoin de
l'auteur de fiction pour se développer. On ne peut
pas tracer de parallèle entre Rivard et les figures criminelles qui ont alimenté récemment la chronique
judiciaire. Dans les années 1950, les Canadiens
français n'ont pas le haut du pavé. Malgré quelques
soubresauts d'affirmation, les francophones
d'Amérique sont encore des nègres blancs. Par ses

frasques, Rivard incarne alors l'affirmation d'un peuple opprimé, un exemple de résistance à l'establishment anglo-saxon. Le peuple lui pardonne ses crimes pour l'élever au rang d'idole. Son évasion devient une légende urbaine. La rumeur se propage. Lucien aurait sauté les murs de la prison de Bordeaux à l'aide d'un tuyau d'arrosage.

Il est fort difficile de départager réalité et fiction dans la vie de cet homme. Pendant sa jeunesse, Lucien aurait servi de chauffeur au frère André, le célèbre thaumaturge et portier du collège Notre-Dame. Il se serait lié d'amitié avec Jimmy Hoffa, le chef des Teamsters, pendant sa détention aux États-Unis. Apprenti de Meyer Lansky, associé de Santo Trafficante junior et partenaire des Corses à Cuba, Lucien rencontre Jack Ruby plusieurs années avant que celui-ci n'assassine Lee Harvey Oswald. Les honnêtes gens qui travaillent à son domaine de Laval le considèrent comme un excellent patron. Ses concitoyens voient en lui un héros populaire de la trempe du joueur de hockey Maurice Richard. À l'inverse, les policiers qui l'ont connu refusent de lui prêter l'envergure des autres personnages importants du crime organisé international, le voyant plutôt comme un opportuniste efficace et discipliné.

En effet, la vie de Rivard serait de moindre intérêt si elle n'avait croisé celle des frères Kennedy et de leurs ennemis. Le fait d'être mêlé, de près ou de loin, au double assassinat de John et de Robert confère à cet homme un statut particulier sur le plan de l'histoire, bien sûr, mais encore davantage au niveau de l'imaginaire. Le 22 novembre 1963, le monde sociopolitique américain bascule dans une nouvelle ère. L'ennemi n'est plus seulement étranger, mais intérieur. Des forces opposées et occultes s'affrontent en silence à l'intérieur même de l'État, et sans doute au plus haut niveau. Le gouvernement n'est plus une réplique de la famille, ni le président un « bon père » dévoué à la protection de ses enfants. Le patriotisme devient une notion d'un autre âge alors que les forces industrielles entrent en conflit ouvert avec les démocraties. Encore aujourd'hui, malgré une propagande orchestrée, le gouvernement américain n'a pas encore réussi à faire croire à une majorité de ses citoyens que Lee Harvey Oswald a agi seul, ou que Jack Ruby voulait simplement venger JFK. La méfiance s'est installée et persiste encore de nos jours. Des parricides régissent nos vies. Ils sont tapis dans l'ombre, insaisissables…

La méfiance à l'égard des élites inaugure l'ère du discrédit politique que nous vivons aujourd'hui. Les théories du complot prolifèrent et engendrent une nouvelle mythologie. Les personnages comme Lucien Rivard nous donnent une idée de ce qui s'est tramé au sommet de l'Olympe, là où se décident « les vraies affaires », où quelques puissants contrôleraient à leur guise les destinées de l'univers. Grâce à des explications idéalistes, la complexité du monde moderne obéit à des déterminations simples. Les Anciens donnaient un sens aux aléas de leur existence en consultant la Pythie. La Pythie d'aujourd'hui s'appelle « Internet ». Cette vaste agora offre à chacun le loisir de rendre compte de ses recherches et de ses idées. Les intrigues qui s'y déploient sont fascinantes et toutes plus plausibles les unes que les autres. La population rumine désormais une méfiance foncière à l'égard du pouvoir. L'exemple du 11 septembre 2001 a démontré que le concept même d'«État» n'avait plus l'homogénéité qu'il avait en 1950. Les intérêts épars ont remplacé les idéologies définies. Les discours rassembleurs et enflammés des grands orateurs sont rares. On ne fait plus confiance aux politiques ; ils ne sont plus perçus comme des guides, mais plutôt comme des charmeurs de serpent.

C'est dans cette optique que le livre de Benoit Gignac devient fort intéressant. Une telle mosaïque de points de vue sur Rivard a l'avantage d'illustrer les particularités de cet homme dans sa vie quotidienne, mais aussi les variations de perception, la multiplicité des opinions, bref, la nature intrinsèque du mythe justement forgé par ces divergences. Les détails exacts de son parcours, les faits avérés de son existence et cette impression générale qui se dégage de sa manière d'être au monde nous rendent le mystère encore plus séduisant. La vie quotidienne du héros, qu'il soit policier ou criminel, nous intéresse assez peu, au fond, à moins que cette intimité ne vienne éclairer les passages plus spectaculaires de l'histoire, ceux qui donnent du «jeu» à notre vie, qui l'éclairent et nous font rêver. C'est ce que nous retenons du travail de recherche de Benoit Gignac et des commentaires qu'il formule. Lucien Rivard transcende ses propres crimes pour devenir un «signifiant» de notre histoire collective.

En tant que Québécois, Rivard nous installe dans une identité positive au même titre que Maurice Richard, René Lévesque ou Hubert Aquin. Positive, elle l'est non pas par l'efficacité sociale du héros, mais bien par la beauté de son audace, par l'extrême intelligence de sa théâtralité et par sa constitution en tant que modèle de libération collective. Les archives télévisuelles témoignent encore aujour-d'hui de la solidarité entre le peuple et Lucien Rivard. Pour l'homme «ordinaire», Rivard a raison d'agir comme il le fait parce qu'il venge l'humiliation subie face au capital anglophone qui contrôle alors les institutions démocratiques. Les meilleures années de Lucien Rivard coïn-cident avec la guerre froide. Le bien et le mal ont encore des visages identifiables. Le bien, c'est la démocratie libérale. Le mal, c'est l'empire totalitaire communiste. Il n'est pas inintéressant de constater l'admiration du «petit peuple» d'alors pour l'aven-turier criminel, en même temps que sa peur foncière du communisme. Le prolétariat québécois aime bien se projeter dans des figures fortes de résistance au grand capital. Par contre, et en même temps, il exècre l'extrême gauche. Cette schizophrénie fondatrice du Québec moderne alimentée, il est vrai, par des siè-cles de prudence cléricale, n'a pas encore trouvé son dénouement.

C'est aussi à cette époque que les médias cana-diens, sans doute influencés par la presse à scandale américaine[3], commencent à verser dans l'exaltation des faits divers, parfois au détriment de l'informa-tion politique ou sociologique. Les années du clas-sicisme journalistique achèvent. Celles du populisme sensationnaliste commencent. À travers ce fatras destiné à vendre de la copie, des artisans réalisent un travail admirable de recherche empirique sur la criminalité avec, il faut bien l'avouer, très peu de moyens. Ces journalistes deviendront des vedettes, comme les criminels dont ils font des sujets. Michel Auger est l'un de ceux-là. Il accompagnera Lucien

Rivard dans l'avion, lorsque le caïd reviendra à Montréal en 1975.

Le dernier bouleversement auquel Lucien Rivard a participé, c'est celui de l'économie marchande. Les vrais initiateurs de ce qu'on appelle aujourd'hui la « mondialisation » sont américains, siciliens ou corses. Ils ont pour noms Lansky, Luciano, Guérini, Mondolini. Américains et Russes se disputent le monde. Les pays pauvres deviennent des satellites des deux superpuissances. Des dictateurs installés par Washington ou Moscou profitent personnellement du pillage systématique des ressources naturelles des pays en voie de développement (pétrole, métaux, pierres précieuses) et amassent des fortunes colossales aux dépens des habitants qui vivent dans la pauvreté. Les criminels servent d'intermédiaires pour alimenter les rebelles en armes occidentales, qu'ils échangent ensuite contre de l'héroïne-base, de l'opium, de la cocaïne, du haschich. Les services secrets russes et américains déstabilisent les pays ennemis avec l'aide de ces criminels, se plaçant ainsi à l'abri des contingences de la démocratie et de l'imputabilité des agences face à leurs commettants, comme s'ils mettaient systématiquement en pratique la philosophie de Kurt Vonnegut : « Il n'y a pas d'ordre autour de nous ; nous devons plutôt nous adapter aux exigences du chaos. »

Lorsque Rockefeller ou Hunt rapportent aux États-Unis les matières premières du tiers-monde pour les transformer et faire fonctionner leurs usines américaines, la Cosa Nostra fait de même avec la drogue. La jeunesse américaine s'enflamme pour les expériences psychédéliques. Par un retour du refoulé, le chaos s'installe aussi à la maison. Les ghettos noirs, premier marché pour l'écoulement de l'héroïne, explosent. La DEA et le FBI entrent en conflit avec la CIA alors que les intérêts extérieurs menacent la sécurité intérieure du pays. JFK s'attaque pour sa part aux « Corporate Bums » et prévoit légiférer contre le stockage du nickel pour créer une inflation artificielle, dans l'année qui suivra sa réélection. Il sera assassiné juste avant. Son frère Robert regarde le problème par l'autre bout de la lorgnette et s'attaque au monde interlope, avec l'espoir avoué d'accéder à la présidence. Il sera assassiné le 6 juin 1968, après sa victoire aux primaires de Californie. Le pétrole a depuis remplacé le nickel, mais le très rentable désordre du monde, organisé par la spéculation des valeurs virtuelles sur les marchés boursiers, est devenu l'élément moteur du système et des échanges économiques mondiaux.

Lucien Rivard a traversé cette époque d'installation du capitalisme sauvage et de l'impérialisme financier. Il a contribué à sa manière, avec ses acolytes, à ouvrir les portes de la mondialisation et de la dilution du principe de démocratie. A-t-il eu le choix ? Était-il né dans une condition si précaire qu'il n'avait comme possibilité que de se marginaliser pour aspirer à mieux, à l'instar d'autres criminels avant et après lui, dans une méfiance fondamentale à l'égard de ces institutions qui n'ont jamais eu pour la pauvreté une bien grande estime ? Sans doute. La misère est aussi une condition essentielle de l'héroïsme.

La création d'un mythe exige la rencontre de la petite et de la grande histoire, quand un homme ordinaire et, donc, foncièrement sympathique au commun des mortels se retrouve mêlé à des événements qui le dépassent. En ce sens, il y a bien un mythe « Rivard ». Nous avons participé à l'élargissement de ce mythe par la création du film *Le piège américain*. Ce voyage imaginaire dans l'esprit du caïd présente sa version personnelle des années Kennedy, une version qu'il n'a jamais livrée de son vivant. Benoit Gignac va dans une tout autre direction. Il ajoute un travail d'exégèse en proposant son propre portrait d'un homme auquel on a consacré bien peu d'écrits. Son livre emprunte une voie distincte mais parallèle à celle du film en s'intéressant à des dimensions différentes de la vie du personnage. De la légende à l'historiographie, le cinéma et l'écrit opèrent ici en parfaite complémentarité.

Fabienne Larouche et Michel Trudeau
Auteurs et producteurs du film
Le piège américain

Le piège américain

Note de l'éditeur : L'épopée de Lucien Rivard fera l'objet d'un film intitulé Le piège américain. *Ce long métrage réalisé par Charles Binamé, écrit et produit par Fabienne Larouche et Michel Trudeau mettra en vedette Rémy Girard dans le rôle de Lucien Rivard. Le film sera sur nos écrans le 16 mai 2008.*

[1] CHARBONNEAU, Jean-Pierre, *La filière canadienne*, Éditions Trait d'union, 2002.

[2] ELLROY, James, *American Tabloïd*, Rivages/Noir, 1997.

[3] James Ellroy consacre un rôle important à ce genre de journalisme dans ses romans policiers.

Note de l'auteur

On trouvera à la fin de ce livre une liste de personnes qui ont eu la gentillesse de m'accorder des entrevues très utiles à la rédaction de l'ouvrage. Je les en remercie. Cette liste aurait pu comporter d'autres noms. De fait, plusieurs personnes qui m'ont aidé à écrire ce livre ont demandé à ce qu'on ne fasse jamais référence directement à elles et surtout à ce qu'on ne les cite pas. J'ai respecté leur souhait. Dans la majorité des cas, il s'agit de gens qui ont été des témoins vivants de l'aventure de Lucien Rivard, qui l'ont connu et qui ont été associés plus ou moins directement à son histoire.

La plupart du temps, ils m'ont demandé confidentialité pour éviter que leur descendance ou leurs contemporains se rappellent ou apprennent qu'ils pouvaient avoir un passé douteux. Certains avaient peur de représailles.

Quand on considère que l'histoire que je vais raconter se situe il y a 50 ans, on est en droit de croire que les bandits font toujours peur et surtout que les réputations sont encore, de nos jours, des biens très précieux.

Merci à André Cédilot et particulièrement à Michel Auger qui m'ont donné accès à une partie de leurs archives personnelles.

Merci à mon lecteur-analyste et ami depuis plus de 40 ans, Claude Boies.

Chacun de nous est tour à tour, de quelque manière, un criminel ou un saint.
Georges Bernanos

Avant-propos

À la messe de 11 heures…

Octobre 2007. Nous sommes quelques centaines de têtes grises, ou blanches, ou teintes, prostrées dans la belle église de Saint-Sauveur, mon lieu de résidence et celui de ma mère. Dans son homélie, le curé vient d'annoncer que, dorénavant, les messes des jours de semaines auront lieu dans la sacristie. Baisse continue d'achalandage oblige, il en coûte maintenant très cher pour chauffer inutilement la grande église, et ce retrait stratégique permettra à la Fabrique de faire ses frais un peu plus longtemps.

Il y a bien 35 ans, sauf pour les exceptions que peuvent constituer les célébrations de Noël, les mariages, les baptêmes et les funérailles, que j'ai assisté à une messe. Il faut dire que j'y suis pour une stricte question d'intérêt professionnel, malheureusement pour l'Église catholique qui pourrait croire au recrutement d'un nouveau membre.

Ma mère qui connaît mon sujet d'écriture et qui se souvient du fait que Lucien Rivard avait un commerce à Auteuil, non loin de notre résidence familiale de l'époque, a identifié quelqu'un qu'elle connaît et qui peut me parler de l'homme ainsi que de toute cette période. Elle ne sait pas où il habite, mais puisqu'elle le voit toujours à la messe du dimanche, elle m'y a traîné. Le plan est simple. S'il est là, elle s'en approchera et me le présentera sur le parvis lorsque nous sortirons après la communion que j'aurai refusée étant donné mon état d'impureté avancée. Je lui ferai alors ma demande d'entrevue en lui rappelant le « bon vieux temps ». Comme nous le verrons plus avant, le petit stratagème fonctionnera, et M. Guy Brochu m'accordera généreusement quelques heures de son temps.

Je suis donc dans l'enceinte sacrée à essayer de me souvenir de mes prières. Curieux hasard, tout de même. Me voilà replongé, le temps d'une petite demi-heure, dans une reproduction à peu près exacte de la société du début des années 1960, au beau milieu de gens qui se sont probablement délectés « en direct » des frasques du plus célèbre « bandit de souche » que le Québec ait connu : Lucien Rivard.

Bien sûr, à l'époque, les curés n'avaient pas de microphone à la main, ne se préoccupaient pas des factures de chauffage et disaient encore une partie de la messe en latin. Les fidèles étaient de tous âges et les bancs étaient remplis d'enfants qui s'amusaient à faire claquer les reposoirs sur lesquels il fallait s'agenouiller en baissant la tête au moment de l'élévation. C'est toujours à ce moment d'ailleurs que ma mère me glissait à l'oreille sa dernière moquerie à propos du chapeau de Mme Bouchard ou du doigt dans le nez du père Caron.

Lucien Rivard… Je suis certain que si je m'approchais des gens devant moi et leur mentionnais ce nom, la plupart se mettraient d'abord à sourire, puis à se souvenir d'une époque où les héros québécois n'étaient pas si nombreux. « Le gars qui s'est échappé de Bordeaux avec un tuyau d'arrosage… Il écrivait des lettres au premier ministre dans les journaux pendant qu'il se cachait… Il était aussi puissant que Cotroni… Ah oui, la patinoire… Il a fait trembler le gouvernement… »

Comme ces autres criminels que sont Monica la mitraille, Georges Lemay ou plus tard Mesrine, Lucien Rivard a fait partie de ces icônes du temps qui se distinguaient, défrayaient la manchette, tant par leur caractère que par leur talent, si tant est que l'on puisse qualifier ainsi les agissements de criminels.

Établir le portrait de Lucien Rivard, c'est d'abord témoigner de cette époque importante de l'histoire du Québec : La Révolution tranquille, la fin de la grande noirceur, la fin de la prédominance religieuse et le début de la formation d'un véritable État québécois.

Raconter le parcours de Lucien Rivard, c'est aussi faire la connaissance d'un petit Québécois qui s'est mesuré aux plus grands de son domaine en Europe et en Amérique, et découvrir un leader qui leur a tenu tête pendant une décennie.

À cette époque, le Québec avait besoin de se découvrir des héros, même criminels. Et Lucien Rivard, bon ou mauvais, en fut un.

Première partie

LE ROI
DE L'ÉCHAPPATOIRE

Chapitre 1

¡ *Viva Cuba* !

Compay Segundo, Rubén González, Benny Moré, Ibrahim Ferrer, Maria Teresa Vera, l'Orquesta Chepin-Choven, Perez Prapo, le cha-cha-cha, le mambo, la rumba, la salsa !

Tous les soirs, Lucien Rivard, commerçant criminel de profession, peut, s'il le veut, voir et entendre les meilleurs interprètes au monde de ces musiques et de ces rythmes d'enfer, à faire se déhancher les plus empâtés.

Au son des *guiros*, des *charangos* et des trompettes criardes, il exerce sa profession dans la baie de La Havane, à Cuba, ville dorée et port de mer grouillant, gorgé d'hôtels et de casinos plus ou moins luxueux. À la fin des années 1950, Rivard, le Canadien français, y est une personnalité importante. Il a des intérêts dans plusieurs commerces. À travers l'hôtellerie et les boîtes de nuit, il fait dans les machines à sous, la drogue et même le trafic d'armes. Plusieurs complices et employés québécois sont avec lui sur place et voient aux intérêts de l'homme d'affaires, jeune quadragénaire qui ne tient pas en place et voyage.

La Havane de l'époque est une sorte de Las Vegas ou de Monte-Carlo des Caraïbes, mais en plus sordide. Une de ces villes qui ne s'endort jamais. On dit que c'est le bordel de l'Amérique et qu'on n'y trouve pas une famille qui n'ait une fille dans la rue.

Les Américains y sont archiprésents. Des compagnies comme la United Fruit et d'autres, grandement intéressées par les richesses naturelles du pays, y font des affaires d'or, notamment par l'exploitation des travailleurs. Il faut dire que le dictateur Fulgencio Batista, à la solde des États-Unis, s'arrange pour que les Yankees y soient à l'aise.

Militaire de carrière, Batista est tout un phénomène. À la tête d'une junte, il a renversé en 1934 le gouvernement en place et installé un régime proaméricain. Il introduit alors une Constitution modelée sur celle des États-Unis et est élu président en 1940. Mais le mode démocratique ne lui convient pas très bien. Battu aux élections suivantes, il ne trouve la façon de retourner à la direction du pays que par un coup d'État qu'il fomente en 1952.

Dès lors, il a affaire à l'avocat bourgeois Fidel Castro qui tente sans succès de le renverser en 1953. Ce ne sera que partie remise pour le révolutionnaire que Batista amnistie et exile en 1955.

Le jeu et la prostitution ne cessent de croître dans l'île de Cuba, pratiquement contrôlée par les gangs nord-américains et européens. Pour Rivard, l'endroit est un terreau très fertile et même paradisiaque. Il y retrouve des grands pans du *Red light* de sa jeunesse à la puissance 10. Il croit qu'il y deviendra multimillionnaire. Pour ce faire, toutefois, il doit contribuer au régime en place. Chaque semaine, il fait parvenir jusqu'à 20 000 $ à Batista qui perçoit sa cote sur toutes les escroqueries. Il s'agit d'une somme astronomique (qui équivaudrait à près d'un demi-million de dollars aujourd'hui) qui démontre que les profits coulent à flots pour les tenanciers de commerces illicites de la capitale cubaine.

Rivard est arrivé à Cuba grâce à des liens qu'il a tissés à Montréal avec des trafiquants de drogue français et corses qui ont choisi de tenir commerce dans « la perle des Caraïbes ». Les francophones apprécient Rivard avec qui ils peuvent travailler dans leur langue. Pour sa part, le caïd québécois qui s'est brouillé temporairement avec le clan des Italiens de Montréal, notamment Pep Cotroni qui estime que le « Frenchie » empiète sur son terrain, trouve intérêt dans le fait de quitter la métropole et d'assurer, par Cuba, les liaisons franco-américaines en matière d'héroïne.

Il s'associe donc à ses amis. En moins d'un an, profitant d'un heureux hasard, il devient l'unique propriétaire des boîtes de nuit Ève, Le Cupidon, Le Pigalle ainsi que du Sansoucy club, un casino de luxe. Il faut dire que le gouvernement français a décidé de rapatrier ses ouailles criminelles en menaçant les autorités cubaines d'un scandale international si elles n'obligent pas les trafiquants français et corses à quitter l'île. Trois malfrats déjà célèbres, Croce, Bistoni et Mondolini, seront arrêtés dès qu'ils mettront le pied en France. Rivard, lui, n'a pas été visé par ces mesures et profite de la situation pour étendre ses tentacules en reprenant pour son propre compte les cabarets de ses amis.

Ces commerces et d'autres, comme le club Las Vegas, vont lui servir de façade pour ses véritables activités dont le trafic d'armes qu'il pratique sur une très grande échelle. À cette époque, la Gendarmerie royale du Canada obtint des informations selon lesquelles il était certainement le plus grand trafiquant d'armes au Canada, à tel point que ses achats épuisèrent complètement le marché canadien, où on ne pouvait plus trouver un fusil. Rivard mettra définitivement fin à ce type d'activités après son départ, mais à ce moment il lui permet d'ajouter à ses chances d'accéder à la richesse.

Rivard, puissant relationniste, mène donc grand train à Cuba, fief privilégié de la pègre. Il reçoit entre autres les représentants les plus en vue de la mafia nord-américaine et œuvre de plus en plus dans les ligues majeures. Il est même témoin au mariage de Salvatore Giglio, pote du puissant mafioso new-yorkais Carmine Galente, qui prend pour épouse à Cuba une serveuse du El Morocco, boîte de nuit montréalaise administrée par un des lieutenants de Vic Cotroni, célèbre cabaret de l'ouest de Montréal où Alys Robi s'est fait connaître des Américains dans les années 1940.

De temps en temps, il revient à Montréal, question de rendre visite à certaines de ses relations. Il retombe alors dans son petit monde. Un jour qu'il est en visite et crèche chez un de ses hommes de confiance, Blackie Bisson, la brigade des stupéfiants de la GRC débarque pour une perquisition. Gilles Poissant, à l'époque constable de cette brigade, raconte :

« Les perquisitions étaient monnaie courante et surtout un de nos moyens privilégiés pour amasser des informations. Il était facile à l'époque d'obtenir des mandats de la sorte. Aujourd'hui, ce ne serait pas jugé démocratique. Mais, pour nous, c'était précieux. Avec les filatures, les perquisitions étaient parmi nos principaux instruments de travail. En entrant chez Bisson, nous avons été surpris d'y trouver Rivard. Il nous a dit bonjour. Il n'était pas enchanté de nous voir, mais n'a absolument pas paniqué. Nous avons commencé à fouiller l'endroit et avons découvert des armes dans la chambre qu'il occupait. Il n'avait évidemment pas de permis pour les utiliser. Il a commencé par prétendre qu'elles lui appartenaient pour ensuite dire qu'elles étaient à son ami. Nous avons donc incarcéré les deux hommes sur cette base. Mais le lendemain, devant le juge, Bisson a plaidé coupable et a payé une amende de 50 $ alors que Rivard a réussi à présenter un certificat d'enregistrement des armes qu'il n'avait pas la veille. La plainte portée contre lui venait tout simplement d'être retirée. Voir des criminels s'en sortir aussi facilement grâce à des contacts ou à de l'argent, ça faisait partie de notre quotidien. »

Rivard va donc de voyage en voyage entre La Havane, Miami, Paris, Marseille, New York et Montréal, où il a gardé la grande majorité de ses contacts et son chalet d'été. Petit à petit, il se taille une place dans cet univers sélect et puissant que constitue le monde interlope international. Quelques-uns de ses amis montréalais, dont Bill

Lamy et Gerry Turenne, l'ancien lutteur qui agira comme son garde du corps, sont avec lui à Cuba. De temps en temps, il fournit directement ou indirectement, cela ne sera jamais éclairci totalement, des armes aux révolutionnaires Fidel et Raoul Castro, Che Guevara et Celia Sanchez, qui se préparent à nouveau, dans les collines, à renverser Batista. On ne sait jamais ce que l'avenir nous réserve, se dit probablement Rivard. Alors un petit coup de main de plus ou de moins, à gauche, à droite, pour la CIA ou le KGB… Les affaires sont les affaires.

La situation a quelque chose d'irréel. En 1958, un travailleur agricole cubain gagne un dollar par jour, 108 jours par an, sans être nourri. Le reste de l'année, c'est la morte saison, et ce maigre dollar n'existe même pas. Le mouvement révolutionnaire de Castro, avec son projet politique d'instauration d'un État marxiste-léniniste qui sera supporté par l'Union soviétique, est une solution tout indiquée à cette grande injustice humaine. Ce que l'on ne sait pas à l'époque, c'est que Castro instaurera aussi un système étatique d'oppression intellectuelle et politique permanente qui lui permettra de régner pendant un demi-siècle.

La Révolution cubaine

Au même moment, Rivard, lui, doit bien faire un dollar de profit à la seconde grâce à ses affaires. Jusqu'à ce que, en janvier 1959, Castro renverse Batista et devienne le *Lider Maximo* de Cuba.

Il fallut environ deux mois à l'armée révolutionnaire cubaine pour arriver à ses fins en s'emparant des principales villes du pays. Au départ, à peine quelques centaines d'hommes et de femmes tentèrent d'accomplir cet exploit hors du commun. Mais à partir d'un moment, paysans, grands propriétaires fonciers, industriels et hommes d'affaires commencèrent à emboîter le pas à Castro. « Le mouvement du 26 juillet » (nommé ainsi en raison de la date de l'attaque ratée de la caserne Moncada par Castro et sa troupe en 1953) était devenu irréversible. Batista prit la fuite et, le 2 janvier 1959, Fidel Castro prononça à Santiago de Cuba son premier discours de victoire devant une foule délirante : « La Révolution commence aujourd'hui. La tâche ne sera pas facile. Cette fois, heureusement pour Cuba, la Révolution sera vraiment au pouvoir. Ce ne sera pas comme en 1898, quand les Nord-Américains sont arrivés pour se rendre maîtres de notre pays… C'est le peuple qui a gagné la guerre ! » Les Cubains n'avaient pas fini de l'écouter.

C'est dans cette atmosphère à la fois euphorique et rocambolesque que les rêves de richesse de Lucien Rivard commencent à s'embrouiller. Pendant ces semaines de combats mortels, les Américains continuent, comme si de rien n'était, leur train-train insulaire, à tel point qu'Errol Flynn, grande vedette des films de cape et d'épée, prend soin de terminer le tournage de son dernier film dans l'île avant de retourner à Hollywood.

Rivard *go home* !

Moins de six mois après sa prise de pouvoir, Castro, avec son nouveau régime déjà bien installé, décide de nettoyer la place et réalise une grande offensive visant à débarrasser l'île du banditisme et surtout de sa domination étrangère. Même si on sait que Rivard a probablement rendu des services à la Révolution en fournissant des armes et peut-être même en échange de drogue, il est considéré comme un traître à la nation, tout de même à la solde de Batista, et on l'emprisonne comme Lamy, Turenne et beaucoup d'autres. Les choses vont très mal. Il est menacé d'exécution.

Rivard passe quelques semaines au cachot. Et puis se concrétise un des tours de passe-passe nébuleux dont Lucien, magicien de l'échappatoire, aura longtemps le secret. Appelé d'urgence, Raymond Daoust, un avocat montréalais spécialisé au criminel, qui est en train de se faire un nom, débarque à La Havane et plaide la cause de Rivard devant le nouveau gouvernement cubain. On ne sait trop ce qu'il invoque (et combien il a dans sa poche!), mais Rivard est libéré.

Le caïd canadien français vient donc d'échapper à la mort, comme Lamy et Turenne qui, eux, ne peuvent être accusés de quoi que ce soit. Plusieurs théories ou rumeurs courent à propos de la libération du caïd. La thèse la plus plausible de sa sortie de prison est la suivante : une bonne somme d'argent donnée au nouveau régime, jumelée au fait que Rivard avait tout de même aidé les castristes à s'approvisionner en armes, aurait eu raison de la sentence.

Il semble aussi que Jack Ruby, l'assassin de Lee Harvey Oswald, présumé tueur de John Kennedy, ait eu un rôle à jouer dans la libération du Québécois. Les deux hommes se sont d'ailleurs connus à La Havane.

D'aucuns prétendent pour leur part que le ministère des Affaires extérieures du Canada intercède à ce moment en faveur de Rivard à la demande de Raymond Daoust, ce qui voudrait dire que déjà, à l'époque, ses liens politiques au Canada sont puissants. Cela ne sera jamais confirmé.

À la recherche de Lucien Rivard

Quelle est la vérité à propos de la libération de Rivard à Cuba ? Difficile à dire. Toutefois, il est clair que l'histoire singulière de celui qui fut peut-être le criminel canadien français qui a « le mieux réussi », pour reprendre une expression de Michel Auger, journaliste spécialisé en affaires criminelles, se cristallise durant cette période. À lui seul, l'épisode cubain de Lucien Rivard constitue un fait d'armes. Il démontre à quel point ce bougre québécois, même expatrié, était, dans son domaine, un joueur au-dessus de la mêlée. Mais replaçons-nous dans le temps.

Le 19 juin 1959, un décret ministériel ordonne l'expulsion de Cuba du « commerçant Rivard » pour complicité dans le trafic de drogue.

Cinq jours après, Lucien est rentré au Québec. Réinstallé dans ses vieilles pantoufles, il décide tout bonnement de prendre des vacances bien méritées chez des amis criminels dans la région un peu moins exotique d'Oka ! Après tout, il est toujours recommandé de se reposer un peu après avoir échappé à la mort.

Entre 1956 et 1959, il est devenu un homme en possession de ses moyens, frondeur, qui cultive ses relations. Un opportuniste qui surfe sur les vagues, les conjonctures. Un joueur méticuleux qui adore maîtriser les situations. Mais il ne semble plus rouler sur l'or. Celui qui a maintenant goûté au pouvoir de l'argent a ce qu'il faut pour « se refaire » (il rentre au Québec avec environ 175 000 $ canadiens selon les agents de la GRC de l'époque), mais il est clair que la fin de l'épisode cubain a coûté cher.

Comment réussira-t-il à se hisser à nouveau en tête de liste ? Où a-t-il puisé cette maîtrise qui le caractérise maintenant ? Quelles seront son erreur et sa fin ?

Il était une fois le portrait de Lucien Rivard…

Chapitre 2

COMMERÇANT CRIMINEL DE PROFESSION

Lucien Rivard est apparu sur les radars de la Gendarmerie royale du Canada au début des années 1950. Son nom est associé à des trafiquants d'héroïne français et à des Italiens de Montréal, dont les Cotroni. Montréal est alors la plaque tournante de l'héroïne en Amérique du Nord. De fait, la brigade des stupéfiants de la GRC identifie Rivard comme l'un des nouveaux caïds canadiens de la drogue.

À Montréal, la brigade des « stups » d'alors se compose de huit personnes. Quatre agents s'occupent des petits trafiquants de rue et les quatre autres, dont un caporal, voient aux enquêtes et à la coordination avec les divers corps policiers. C'est peu, mais le monde de la drogue montréalais est un petit milieu. Aussi bien dire que tout le monde se connaît, de bandit à policier.

« C'était l'époque où il nous arrivait souvent de tomber face à face avec les *pushers* sur un trottoir et de partir à la course afin de les prendre avant qu'ils se débarrassent de ce qu'ils avaient sur eux », se souvient Jean-Paul Drapeau, ancien agent de la GRC.

Les gars des « stups » accomplissent un travail remarquable. Tout au long de leur lutte incessante contre le trafic de drogue, cette brigade respectée de tous permettra à la Gendarmerie de conserver certaines lettres de noblesse.

Naissance d'un petit bandit

Les bandits, c'est dans leur nature, s'emploient toute leur vie à ne pas laisser trop de traces. On connaît peu de choses des premières années de vie de Rivard. Né le 16 juin 1915 à Montréal, le petit Lucien grandit dans la paroisse Sainte-Cécile du quartier Villeray situé au nord de la ville. Il est le neuvième d'une famille de 12 enfants. Pendant que sa mère voit à élever la marmaille, son père travaille pour la compagnie ferroviaire Canadien Pacifique, le CPR comme on l'appelait à l'époque. Le petit Lucien n'annonce rien de particulier. Il fréquente l'école jusqu'à 15 ans, en neuvième année scolaire. Il fait ensuite ce qui s'appelait un cours commercial et qui consiste en l'apprentissage de l'anglais, de la dactylographie et de la sténographie. Le jeune Rivard est plutôt studieux et il a même songé à la prêtrise !

Il commence ensuite à travailler comme manœuvre dans un Québec en pleine dépression. Le krach boursier de 1929 a laissé des marques partout en Amérique du Nord. Chômage et pauvreté sont au rendez-vous. Le jeune Lucien essaie de tirer son épingle du jeu dans un univers économique complètement bouché. Quand il le peut, il travaille sur les rares chantiers de construction qui existent durant cette période.

Que ce soit par nécessité ou par défi, vient ensuite une ascension dans la « profession » criminelle tout ce qu'il y a de plus conventionnelle. Son parcours ressemble de prime abord à celui d'un petit bandit sans envergure. En 1933, âgé de 17 ans, il écope d'une amende pour flânerie dans un hangar qu'il a crocheté. À 23 ans, une tentative d'effraction dans un magasin et un recel lui méritent ses 12 premiers mois de prison. Pendant un certain temps, il vit en fugitif. En 1943, à Joliette, un cambriolage lui fait décrocher la plus lourde sentence de sa jeune carrière : 3 années de pénitencier.

À la fin des années 1940, on retrouve Rivard qui sévit sur la rue Saint-Laurent, la *Main*, en plein cœur du *Red light district* de Montréal. C'est probablement là qu'il complète ses « études » en gangstérisme.

Le *Red light*

Le *Red light* de l'époque est délimité par les rues Sherbrooke au nord, René-Lévesque au sud (boulevard Dorchester à l'époque), Saint-Denis à l'est et Saint-Laurent à l'ouest. C'est le quartier des spectacles, mais aussi de toutes les débauches, des bordels de la rue Clark, des piqueries d'opium du Chinatown, des tripots et des *blind pigs* (débits illégaux de boisson). L'appellation du quartier comme de beaucoup d'autres du même genre dans le monde vient des chiffons ou lanternes rouges qu'accrochaient les prostituées à leurs portes en Europe, pour indiquer leur disponibilité aux clients potentiels.

Pour ainsi dire institué au début du XXe siècle au moment de la révolution industrielle, le *Red light* a été rendu célèbre par la pègre ainsi que par ses artistes locaux et internationaux qui se produisaient sans cesse dans les différents cabarets plus ou moins malfamés. Au début des années 1940, les spectacles y sont à peu près exclusivement anglophones. On le qualifie même de petit Chicago. La trentaine de cabarets existants proposent des humoristes à la Bob Hope, des chanteuses de *Hit parade* et des numéros de cirque de seconde classe.

Au début des années 1950, toutefois, la porte est ouverte aux francophones. C'est l'époque du Vienna Grill Café, du Vieux Val-d'Or, du Faisan doré, des *strip-teases* de Lily Saint-Cyr au Gaiety (maintenant le Théâtre du Nouveau Monde) et plus tard de la célèbre Casa Loma, du China Garden, du Bellevue Casino et de plusieurs autres rendez-vous nocturnes.

On y trouve donc, entre une danseuse du ventre, un magicien, un dompteur de chiens et deux danseurs à claquettes, des gens comme Charles Aznavour, Bourvil, Mistinguett ou Charles Trenet. Des vedettes locales comme Fernand Gignac, Jean Roger, Dominique Michel, Monique Leyrac, Jacques Normand et plusieurs autres y feront leurs premières apparitions. De temps en temps, on y retrouve aussi André Mathieu, génie musical qui s'évertue à composer ou performer sur des pianos désaccordés, dans l'attente d'un prochain verre gratuit.

Nous sommes à l'époque où, pour obtenir un permis d'alcool, il faut être de la mafia ou connaître quelqu'un du parti au pouvoir tout en cotisant à la caisse occulte du parti. D'ailleurs, il n'est pas une campagne électorale qui ne se fasse sans l'aide de la pègre. C'est, pour ainsi dire, dans les mœurs.

Le quartier est marqué par la corruption qui y règne et qui mettra en cause tant de policiers retors. Mais un de ces policiers, l'avocat Pacifique (Pax) Plante, responsable de l'escouade des mœurs, s'y démarquera par ses efforts pour enrayer le crime.

Pax Plante est sans contredit la grande vedette du *Red light*. Au milieu des assassinats en plein jour et des maladies vénériennes, il entreprend en 1946 une série de descentes en n'oubliant jamais d'y inviter les représentants des médias dans le but de dévoiler les noms et les visages des coupables. Au bout de 18 mois de ces méthodes qui ne sont pas sans provoquer certains dommages collatéraux, notamment lorsque au hasard des reportages photographiques on reconnaît certaines personnalités tout à fait respectables, il est congédié. Il décide alors de publier dans *Le Devoir* une série d'articles intitulés « Montréal ville ouverte », dans lesquels il décrit le fonctionnement des réseaux en place, y compris leurs liens et complicités avec les autorités.

Quelques années plus tard, un dénommé Jean Drapeau, avocat associé aux enquêtes visant à nettoyer le quartier malfamé, se lance en politique municipale. Malgré les efforts du « milieu » qui vont jusqu'à dépenser des centaines de milliers de dollars pour le battre, il devient maire de Montréal le 28 octobre 1954. (M. Drapeau a occupé ce poste le plus longtemps jusqu'à ce jour : 29 ans). Aussitôt

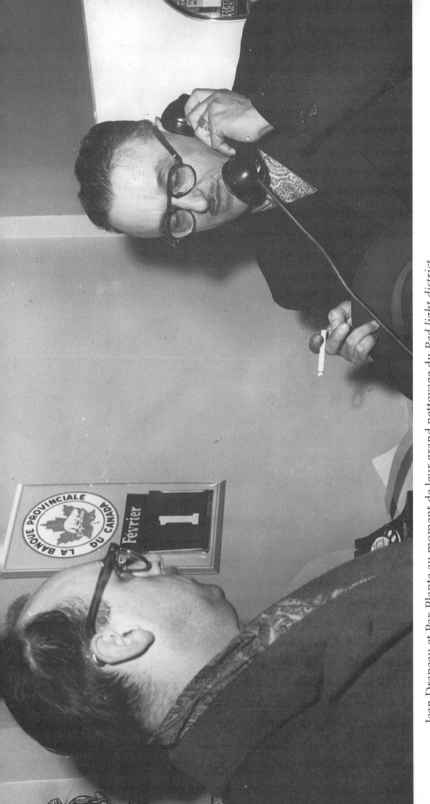

Jean Drapeau et Pax Plante au moment de leur grand nettoyage du *Red light district.*

élu, il réintègre Pax Plante dans ses fonctions de chef de l'escouade de la moralité.

La lutte intense contre le crime se poursuit donc, et Plante survit même à des attentats. Encore trop dérangeant, il sera de nouveau congédié à la suite d'une défaite de Jean Drapeau. Craignant pour sa vie, il s'en ira vivre dans une semi-clandestinité au Mexique, épousera une jeune Mexicaine et y passera le reste de ses jours.

Lucien Rivard, quant à lui, se déploie lentement au cœur de ce monde en pleine transformation. Durant cette étrange période où pauvreté et nouvelle richesse se côtoient quotidiennement, Rivard joue sur la *Main* un rôle officiel de vendeur de *goof balls* et de *pusher*. Il fait aussi dans la fausse monnaie.

Depuis quelques années, Montréal expérimente à sa façon l'*american way of life*. La fin de la Seconde Guerre mondiale marque à Montréal, comme ailleurs en Amérique du Nord, le début d'une forte croissance économique. Les milieux urbains se transforment. Le salaire des travailleurs augmente plus vite que l'inflation. Tout le monde cherche à se procurer un réfrigérateur, une tondeuse, une automobile et bientôt un téléviseur. La Catherine (rue Sainte-Catherine) devient un paradis de la consommation, tant légale qu'illégale.

Rivard commerce dans ce contexte. Il jouit déjà d'une certaine réputation sur la *Main*. De temps en temps, on le voit entrer dans les cabarets. Il est toujours bien mis et plutôt discret, contrairement à la plupart des membres du clan italien qui aiment toujours ajouter au spectacle. Il ne fait jamais d'esbroufe, s'assoit en retrait et assiste bien tranquillement au spectacle sans trop chercher à s'approcher des artistes. En coulisse, on se passe le mot en chuchotant : «Rivard est *icite* à soir». On ne sait trop ce qu'il fricote, mais il est clair qu'il a des relations importantes. Il fait partie de ceux qu'on remarque.

Les ligues majeures

Ce qu'on ne sait assurément pas, c'est que Rivard a déjà quelques faits d'armes assez impressionnants à son curriculum vitae. D'abord, il fraie régulièrement avec son compère Bob Tremblay, tenancier du Dubé's pool room situé sur la *Main*, qui approvisionne les toxicomanes de la ville. Tremblay a fait ses classes au cours des années 1940 avec Johnny Young, lutteur professionnel, spécialiste d'élections et ex-chauffeur de Maurice Duplessis, qui possède 3 gymnases dans le *Red light*.

Moins célèbre que Rivard, Tremblay connaîtra néanmoins une longue carrière dans le monde la drogue. Rivard et lui ont fait connaissance durant les années 1940. Ils se lient d'amitié durant cette période au cours de laquelle Bill Lamy et Blackie Bisson, deux autres revendeurs, se joignent à ce qui constituera l'essentiel de «la gang de Rivard», distincte du clan italien des Cotroni.

Ce Tremblay, originaire de la Colombie-Britannique, champion d'haltérophilie et ancien marin, quittera Montréal en 1952 pour prendre en charge la distribution d'héroïne sur la côte ouest canadienne, où le marché local est 10 fois plus florissant qu'à Montréal. Sa carrière sera toutefois interrompue en 1955, lorsqu'il écopera d'une sentence de 20 ans pour trafic de drogue à

Vancouver. Cet emprisonnement sera assez désastreux pour Rivard, car il le privera d'une partie importante de son réseau florissant d'acheminement d'héroïne venue de France. La mise au rancart de Tremblay comptera probablement pour beaucoup dans la décision de Rivard de quitter pour Cuba un an plus tard.

Bob et Lucien ne seront séparés que par leurs séjours en prison, tout de même assez longs. Leur association sera connue de tout le milieu de la drogue. Tremblay, qui sortira de prison en 1969 au moment où Rivard est derrière les barreaux, reprendra illico ses activités de trafiquant avec l'aide de Bill Lamy et Blackie Bisson. En 1975, la fille de Tremblay épousera le fils aîné de Frank Cotroni, Nicodemo.

Progressivement, Rivard devient un organisateur hors pair. À tel point qu'on sait que Tremblay, Lamy et Bisson travaillent maintenant pour lui. Il est le patron de la bande. On dit qu'il jouit d'un grand respect. Il a développé un réseau qui s'étend de Montréal à Mexico en passant par New York et Vancouver.

Rivard développe son commerce grâce à Tremblay qui est en contact privilégié avec ce qui sera appelé plus tard la *French connection*, un gang de trafiquants français et corses, concentrés au sud du pays, là où se trouvent quelques laboratoires clandestins où l'on fabrique de l'héroïne, tirée de l'opium venu de Turquie.

Rivard, Tremblay et Bisson font à peu près tout ensemble, Lamy se tenant plus à distance. L'un loge chez l'autre. Bisson et Tremblay passent du temps au chalet de Rivard à Pointe-Calumet,

45

lieu très prisé du monde interlope durant ces années, y compris de Frank Cotroni. Et puis ils voyagent « professionnellement ». Ils sont littéralement des larrons en foire. Mais c'est Rivard qui mène le jeu.

Gilles Poissant, a été sergent d'état-major à la brigade des stupéfiants de la Gendarmerie royale du Canada et a suivi inlassablement les activités des narcotrafiquants pendant un quart de siècle partout dans le monde, y compris celles de Rivard. Selon Poissant, ce dernier, plus fin et plus stratégique que Tremblay, jouissait d'un avantage certain sur les Italiens et les Juifs de Montréal, qui formaient les deux grands groupes mafieux de la ville, ainsi que sur les Américains, les grands acheteurs et revendeurs de narcotiques sur le continent. Cet avantage tout simple était la langue d'usage. En effet, les Français se sentaient à l'aise à Montréal avec ce Canadien fort et trapu.

Il leur permettait de percer plus facilement le marché américain concentré à New York puisqu'en matière de trafic de drogues, comme en tant d'autres domaines, Français et Américains n'ont jamais eu d'atomes crochus.

En plus de vaquer à ses petites affaires quotidiennes, Rivard fait donc du développement d'affaires à grande échelle avec ses cousins européens. En compagnie de Roger Coudert, membre du gang français, il a déjà rapporté lui-même, de France à Montréal, 15 kilos d'héroïne pure à destination de New York. Tout ça en n'oubliant pas d'en garder six pour sa revente personnelle.

Pour comprendre l'importance du personnage à ce moment, il importe d'expliquer précisément le fonctionnement et le positionnement de Lucien Rivard dans la hiérarchie et le réseau international de la drogue du début des années 1950.

Son statut en était d'abord un de passeur et, très vite ensuite, de fournisseur et relayeur de premier niveau à des réseaux dont quelques-uns composés d'alliés et partenaires indéfectibles. C'est ce positionnement stratégique qui valut à Rivard son étiquette de caïd. Il fut l'un des rares Québécois francophones dans l'histoire du crime à disposer de ce statut.

C'est aussi ce choix de carrière qui fit sa richesse et qui, nous le verrons, lui permit de tenir assez longtemps.

Le sergent-major Poissant nous indique avec quelles sommes d'argent Rivard pouvait jouer à l'époque.

« Dans les années 1950, Rivard payait probablement ses kilos d'héroïne de 2000 $ à 2500 $. Mais à ce prix là, il avait la responsabilité d'aller les chercher dans le sud de la France ou de payer des gens pour le faire, à ses frais et risques. Il pouvait ensuite les revendre de 5000 $ à 8000 $, tout dépendant si ses acheteurs prenaient livraison à Montréal ou s'il devait en assurer l'acheminement, principalement sur les marchés canadiens de Toronto, Vancouver et un peu à Winnipeg, ainsi qu'aux États-Unis.

« Il faut savoir que Montréal était un tout petit marché direct pour l'héroïne. Il y avait à peine 200 consommateurs à l'époque, dont une quarantaine que nous pouvions régulièrement mettre en prison pour 2 ans. Nous les connaissions à peu près tous par leurs petits noms.

« Une fois établi, dans les années 1950, je crois que Rivard a pu être impliqué dans des transactions pouvant atteindre jusqu'à 1000 kilos par année. Dans les années 1960, les prix se sont appréciés d'environ 25 %. Il est vrai que l'héroïne de fabrication française était de grande qualité… 97,98 % en pureté.

« Quand on se rend au bout de la chaîne de distribution, c'est-à-dire jusqu'à la vente de doses individuelles au toxicomane, on peut estimer qu'un kilo à 97 % avait une valeur marchande pouvant aller jusqu'à un million de dollars.

« Plusieurs niveaux de trafiquants prenaient tous leurs profits, les plus susceptibles de se faire prendre étant les plus proches des consommateurs, en raison de leur important volume de transactions quotidiennes. »

Lucien Rivard transigeait donc à l'époque des biens qui valaient une fortune. D'où son importance sur la scène criminelle. De plus, il offrait aux Français, principalement, des débouchés exclusifs et plus faciles. Quant à ses propres revenus, on peut estimer que Rivard avait un chiffre d'affaires de plusieurs millions de dollars et pouvait encaisser des profits personnels annuels d'au moins 200 000 $, grâce à la simple revente d'héroïne, sans compter toutes les cotes, tous les pourcentages liés à ces opérations et les revenus tirés des autres commerces qu'il pouvait exercer. En dollars canadiens de 2007, cela pourrait ressembler à environ quatre millions de dollars de profits annuellement.

En 1953 et 1954, Rivard fait affaire directement avec la mafia américaine, très présente à Montréal, et avec le clan italien de la ville. En plus de continuer à cultiver ses liens avec les Français, la Gendarmerie royale confirme son association avec le clan Cotroni. Les mois s'écoulent donc au gré des transactions de plus en plus nombreuses sans que la «police montée» puisse épingler Rivard. De temps en temps, il sort de la ville et va se reposer, entouré d'amis, à son chalet de Pointe-Calumet, au nord-ouest de Montréal. Et puis il repart en France, en Floride, au Mexique, etc. Tout ce temps-là, il est continuellement sous surveillance.

À l'époque, les agents de la brigade des stupé-fiants de la GRC jouissent de mandats de perqui-sition quasi permanents. Lorsqu'ils savent que Rivard a bougé, qu'il est revenu de France, des États-Unis ou d'ailleurs, ils se rendent donc chez lui à Montréal et fouillent systématiquement son appartement. L'agent Drapeau, qui suivra lui aussi les agissements de Rivard pendant toutes les années 1950 et fera une longue carrière à la GRC en devenant entre autres commandant de la division du Québec, raconte.

«Nous entrions chez Rivard qui nous con-naissait bien. Il n'était pas nerveux, nous laissait aller. Il lui arrivait même de nous offrir un café et de jaser avec nous de la pluie et du beau temps. Le perquisitionner, ça faisait partie de sa vie. De temps en temps on trouvait un numéro de télé-phone ou une adresse. Ça nous permettait d'avan-cer un peu. Rivard ne s'inquiétait pas avec ça. C'est particulier à dire, mais il était de commerce agréable, si on peut dire».

Au-delà de cette sorte de train-train quoti-dien hors de l'ordinaire, il est clair que Rivard joue déjà très gros. À l'échelle nord-américaine, même s'il est loin d'être le seul à engranger des profits de la sorte, il jouit d'une situation exceptionnelle et de possibilités énormes. Tout ça, au fond, parce que le hasard des rencontres lui a été profitable, qu'il a du «talent» et qu'il parle français, anglais ainsi que sommairement l'italien et bientôt l'espagnol. Une autre preuve que l'apprentissage des langues offre de grandes possibilités.

Tout se passe au-delà des espérances du nouveau riche célibataire et sans enfant qui vient d'atteindre la quarantaine. Jusqu'à ce que, en 1956, les Cotroni, qui œuvrent dans les mêmes secteurs que lui et ont en partie les mêmes contacts et réseaux que lui, commencent à considérer que Rivard leur marche sur les pieds. Plusieurs rencontres ont lieu pour dénouer cette impasse dans laquelle se trouvent tant les Cotroni, le clan corse et français que Rivard lui-même. C'est alors qu'en toute intelligence, préférant éviter un affrontement, il s'envole vers Cuba, utilisant ses amis marseillais et corses pour se faire une place au soleil de pacotille de La Havane, avec la bénédiction des Cotroni. Il y vivra, comme on le sait, trois années pleines de rebondissements.

Chapitre 3

Un monde « idéal »

La rivière des Mille Îles, une belle plage de sable, quelques centaines de personnes qui prennent des bains de soleil en toute quiétude et vont se rafraîchir de temps en temps dans les eaux grouillantes et claires du beau cours d'eau sous la surveillance de sauveteurs. Pas de couche d'ozone percée, pas d'algues bleues, pas de mélanomes, pas d'écran solaire, pas d'eau en bouteille et pas d'espèces d'oiseaux ou de tortues à protéger.

Un nouveau propriétaire

Juillet 1961. Nous sommes à la Plage idéale, partie du Domaine idéal, qui appartient à Lucien Rivard, nouveau propriétaire de ce lieu de détente et de divertissement.

Rivard est rentré de Cuba 18 mois plus tôt et s'est refait en peu de temps une vie « professionnelle ». Mais il lui manquait une occupation officielle, un *front*, comme on dit dans le milieu. Le Domaine idéal, situé à l'extérieur des circuits normaux des cabarets et alliant villégiature bucolique et *night life*, était tout indiqué.

Gerry Turenne, l'ami et le garde du corps de Rivard, y a aussi des intérêts. Il joue un rôle d'adjoint tout de même important au Domaine, entre autres à titre de responsable de la sécurité. Il sera aussi connu plus tard comme tenancier du chic motel-bar-restaurant Maxime, lieu de perdition, situé sur le boulevard Lajeunesse, au nord de Montréal, près du pont Viau qui mène à Laval. On l'y retrouvera assassiné à la fin des années 1970.

Parmi les rumeurs qui courent encore aujourd'hui à propos de Lucien Rivard, on raconte que Turenne, qui s'était occupé de certaines des affaires de son copain pendant son emprisonnement aux États-Unis, aurait décidé durant cette période que, étant donné les services rendus, une partie des avoirs du caïd lui revenait de droit. Il aurait tenté de se servir sans permission et c'est ce qui aurait entraîné sa mort. Cela ne fut jamais prouvé.

Mais nous n'en sommes pas encore là. Chaque belle journée d'été à partir de 1961, on peut rencontrer quotidiennement les deux hommes du Domaine qui s'affairent à gérer leur commerce. Rivard est un excellent travailleur manuel, et on peut souvent le voir en train de réparer une plomberie défectueuse ou de repeindre des boiseries.

L'établissement est situé au centre nord de l'île Jésus, à Sainte-Rose Est, qui deviendra bientôt Auteuil. L'île est ceinturée d'un chapelet de villages et de paroisses accrochés en bordure des rivières des Mille Îles et des Prairies, petits patelins que l'on égrène à la faveur des pèlerinages en voiture, la fin de semaine. L'intérieur du territoire est essentiellement agricole.

La vie dans l'île semble en marge de toute l'effervescence que connaît Montréal. En ville, le Front de libération du Québec (FLQ) fait exploser des bombes. La Fédération des femmes du Québec est à se former, et les premiers contraceptifs oraux sont mis en marché. Les plans du métro et de l'exposition universelle sont en préparation. Les hippies essaiment, assis par terre, pendant que d'autres jeunes gens dansent le twist.

À Montréal, lorsqu'on veut échapper à cette vie trépidante et pleine de changements, durant les vacances et les fins de semaine, on va à la campagne. Sainte-Rose, comme Pointe-Calumet ou Oka, fait partie des destinations les plus accessibles.

L'étalement urbain débute à peine. Sur l'île Jésus, les premiers quartiers-dortoirs commencent à se constituer et s'apprêtent à accueillir les nouvelles familles encore nombreuses.

L'île deviendra en moins de 40 ans la deuxième ville du Québec, grâce à une fusion quasi forcée réalisée en 1965 et qui donnera naissance à Laval. Les élus des 14 municipalités existantes ne s'entendent tellement pas sur le regroupement à privilégier qu'ils auront à se soumettre à une enquête sur leurs agissements, présidée par le juge Sylvestre. Il en arrivera à la conclusion que l'unique solution pour mettre fin aux chicanes incessantes sera de créer une seule ville. Il faut dire que l'île est bizarrement formée, sans municipalité principale et sans centre. Cent cinquante mille âmes y vivent, jalouses de leurs petits pouvoirs locaux, autour de leurs églises, au bord des cours d'eau. La plupart des résidents, sauf les agriculteurs qui

Le Laval Curb Service et le Pavillon Laurentien attenant. Les « bureaux » de Lucien Rivard de 1961 à 1964.

L'édifice principal du Domaine idéal. Tommy Dorsey et Louis Armstrong y firent danser des milliers de personnes.

bénéficient de terres d'une richesse absolue, vont, jour après jour, travailler à Montréal.

Très vite, le Domaine idéal, qui comprend un cabaret-dancing, s'impose comme une destination branchée, prisée entre autres par les jeunes adultes. En plus de la plage et des différents types d'amusements qu'on peut y trouver, les soirs d'été, on peut y danser jusqu'au petit matin au son des orchestres les plus réputés. Celui de Tommy Dorsey s'y produira. Louis Armstrong comptera aussi parmi les vedettes qu'engageront Rivard et Turenne, en plus bien sûr des vedettes locales du temps, notamment des groupes comme les Classels, les Gendarmes, César et les Romains, etc.

Certains jours, plusieurs autobus pleins de baigneurs qui deviendront des fêtards grouillants partent du centre-ville de Montréal en direction de ce rendez-vous de villégiature assez unique tout de même, situé environ à 45 minutes de route et qui peut accueillir plus de 800 personnes. Le Domaine est un lieu de plaisirs et de fête. L'alcool y coule à flots grâce au permis qu'a rapidement obtenu Rivard, avec l'aide de relations politiques.

On raconte que, lors de la présence de Louis Armstrong, le plancher de danse fut tellement sollicité qu'il s'affaissa de deux pouces. Il faut dire que le bâtiment est une construction tout à fait rudimentaire. Le site doit d'ailleurs fermer ses portes chaque automne, faute d'isolation des bâtiments.

Dès 1962, des rumeurs circulent à propos du Domaine. Sa réputation laisse à désirer. On prétend que l'endroit est mal tenu. On invente même des histoires de toutes pièces. On dit que la nuit on peut cueillir comme des fruits mûrs des sacs

de drogue accrochés aux arbres qui ornent la pro-
priété en écoutant les lamentations langoureuses
des baigneurs de minuit. Une autre version du
paradis terrestre. De nombreux jeunes se voient interdire l'accès
au site par leurs parents. Est-ce parce qu'on sait
qui est vraiment Lucien Rivard ? Certainement pas.
Le nouveau venu agit dans les règles de l'art de
l'homme d'affaires prospère qu'il est. Après tout,
le Domaine idéal est un succès financier, et sa réputation s'étend au-delà de la région montréalaise.

Rivard ne recevrait peut-être pas le bon Dieu
sans confession. Souvent exagérément tiré à quatre épingles, il conserve certaines allures de tenancier de cabaret de la *Main*. Mais on ne peut pas
nécessairement se douter de la lourdeur de son
passé et surtout d'un tout autre présent dans lequel
il se trouve engagé.

Le caïd est à pied d'œuvre

Depuis l'arrestation de Pep Cotroni à la fin de 1959,
Rivard, revenu au Québec, a été en mesure de
reprendre graduellement pour son compte le lead-
ership de l'importation d'héroïne au Canada, grâce
entre autres à ses relations avec la *French connection*, dont fait partie Paul Mondolini. Ce Mondolini
est un énorme joueur sur la scène internationale.
Certains l'identifieront comme ayant comploté
autour du meurtre du président Kennedy.

À la GRC, on a remis Rivard dans la mire des
enquêteurs. Même si son principal complice, Bob
Tremblay, est derrière les barreaux et qu'il a dû se
rebâtir une équipe, il est à nouveau l'objet de
surveillance constante de la part de la brigade des

stupéfiants et son domaine n'y échappe pas. Fidèle à son caractère frondeur, lorsqu'il se sait suivi, au lieu d'en découdre avec ses poursuivants, il s'arrête tout bonnement et leur fait la jasette en souriant.

On le convoite également. Le jeune Frank Cotroni essaie de l'intimider et fait surveiller le Domaine idéal par ses hommes de main. Rivard réplique en entourant son territoire de gardes armés. La mafia montréalaise voudrait que Rivard mette ses relations françaises à son service. Il n'en sera pas question. Rivard se tient debout. Mais la tension augmente d'un cran entre les deux groupes.

Il est important de saisir à ce stade-ci, puisqu'elle est résolument formée, la personnalité de Lucien Rivard. L'homme n'est pas une grande gueule. Il est toutefois imposant, n'a peur de rien, est supérieurement intelligent et affiche une attitude de leader. Tout au long des entretiens que j'ai eus avec les gens qui m'ont aidé à réaliser ce portrait, on m'a aussi parlé d'un homme sympathique, enjoué, même avec les policiers. Il n'était pas raffiné certes, mais affichait une stature imposante.

Étant donné son dévouement pour le Domaine idéal et ce côté volontaire, voire débonnaire, qu'il affiche régulièrement, on peut penser en ce début de décennie qu'il s'est en quelque sorte casé, qu'il a abandonné ses activités de truand.

Il s'engage socialement et plus ou moins directement dans les différentes et nombreuses campagnes électorales qui ont lieu durant toutes ces années. Il finance des candidats et des partis. Il participe à l'organisation logistique, entre autres les jours de votation, appelés aussi jours J. Les campagnes de l'époque se font à peu près sans règles, souvent avec violence. On interdit aux « mauvais électeurs » l'entrée aux bureaux de vote. On use d'intimidation. On vole et trafique les listes électorales. On se promène avec des camions pleins de mauvais alcool que l'on fournit gratuitement à ceux qui votent « du bon bord ». Ces pratiques sont tout à fait répandues et habituelles, même à Laval. En matière de sécurité, d'intimidation et d'alcool, Rivard s'y connaît. Il a tout appris sur la *Main*. Il en profite donc pour accumuler les indulgences pour faveurs rendues. On ne sait jamais quand ça pourra servir.

Guy Brochu, témoin de toute cette époque, est, avec ses frères, propriétaire du Pavillon laurentien et du Laval Curb Service, commerce de restauration fondé par leur père et situé sur le boulevard des Laurentides, en plein cœur de l'action lavalloise. Cet établissement, qui comprend un restaurant, un cocktail lounge, des salles de réception et un service de restauration extérieure l'été, est ouvert jour et nuit. C'est le lieu de rendez-vous de la faune qui sévit à Auteuil durant toutes ces années.

M. Brochu ne fait pas que dans la restauration. Il s'implique aussi politiquement et socialement. Il devient d'ailleurs échevin durant la période où Rivard se porte acquéreur du Domaine idéal.

« Pour nous, l'arrivée de Lucien était une bonne chose. Il investissait. Il venait donner une impulsion au Domaine idéal et en faisait un succès. Tout le monde en profitait, y compris la ville qui percevait plus de taxes.

Je me souviens de la première fois où je l'ai rencontré. Il s'est présenté en me disant : « *Hi*

Doc! » Je ne l'avais jamais vu! C'était le gars le plus simple du monde. Nous nous sommes tout de suite liés d'une certaine amitié professionnelle. Je sentais qu'il respectait mon travail. Il m'a aidé lors de mes campagnes électorales. Il s'impliquait avec nous. Quand on avait besoin de lui, il était toujours là. Je me rappelle qu'à la demande du chef de police de l'époque, il est devenu président honoraire du club juvénile de la police d'Auteuil!»

Les choses vont donc bon train pour le commerçant Rivard. En compagnie de sa jeune compagne de 29 ans, Marie, rencontrée au Domaine et avec qui il s'est marié en avril 1961 à 46 ans, il achève sa deuxième saison au Domaine idéal. La belle rousse, à la fois fougueuse et rêveuse, comptera énormément dans la vie de Lucien, et ce, à bien des égards. Entre autres, elle le défendra toute sa vie.

Mais ceux qui connaissent son passé et le croient rangé se trompent sur le compte de Lucien. Voyages d'organisation (et de noces) à Acapulco, saucettes à Miami, découverte de ses traces à New York dans les milieux mafieux, il s'occupe toujours de ses affaires et ailleurs qu'au bord de la rivière des Mille Îles.

C'est durant sa période « idéale » que Rivard redevient caïd, en s'adjoignant les services de plusieurs collaborateurs, dont un certain Michel Caron. Ce dernier, petit voleur encore sans casier (ce qui vaut de l'or pour Rivard), a été repéré par des acolytes du caïd, Gagnon, Groleau et Jones, qui, dans la structure organisationnelle du commerçant criminel, font tous dans la réception-expédition. Le nouveau venu, Caron, traîne dans les tavernes montréalaises, a besoin d'argent et peut, selon eux, accomplir différentes besognes pour la compagnie. On lui propose de faire des livraisons pour Rivard. Lorsque Caron entend le nom du narcotrafiquant, il sait déjà qu'il a affaire à un des dirigeants de la drogue à Montréal.

Caron rencontre Rivard pour la première fois en juin 1961 et commence à faire des livraisons aux États-Unis. Rivard lui donne des itinéraires, de faux noms, des points d'appel précis. Il lui fournit des automobiles, lui demande d'emmener sa femme et ses enfants avec lui, question d'éviter les soupçons. Bref, il le dirige complètement.

Bien payé, Caron se promène dans des voitures trafiquées et lourdement chargées, de frontière en frontière, sous les instructions directes de Rivard. Le coursier rêve. Il espère pouvoir un jour faire une « job » en France. Il a déjà vu Gagnon embarquer sa rutilante automobile sur un grand bateau dans le port de Montréal à destination des vieux pays et espère un de ces jours l'imiter et y emmener sa femme.

Durant cette période, plusieurs échanges d'automobiles ou des rencontres de travail entre Caron et Rivard ont lieu au Laval Curb Service. On écrira même qu'il s'agit à l'époque du deuxième bureau de Rivard. L'établissement est généralement bien tenu. Guy Brochu, qui tient à sa réputation, y voit.

« Je me souviens qu'on nous a accusés à l'époque d'être un lieu de rendez-vous de la pègre, raconte le propriétaire. De la pègre, il y en avait, c'est sûr, comme partout. Lucien était souvent chez nous. Gerry Turenne venait aussi s'assurer quelquefois qu'il n'y aurait pas de problèmes dans la place. Les Cotroni, entre autres, utilisaient nos salles de réception pour des réunions. Je me souviens d'une fois où un membre de leur communauté avait dépensé plus de 100 $, une forte somme pour l'époque, et avait décidé de me payer avec une carte American Express qui s'est avérée être sans fonds. J'avais parlé de ça à Lucien en identifiant le gars en question. Il m'avait remboursé les 100 $ sur-le-champ en me disant qu'il allait s'occuper de tout. Je n'ai jamais revu le gars par la suite. À part des petits incidents comme ça, moi, je n'ai jamais eu de problèmes avec ces gens-là. J'étais *clean*. »

Plusieurs clients de l'époque se rappellent de l'ambiance qui régnait quelquefois au restaurant. Des gens s'amenaient tard le soir avec des caisses de 24 qu'ils déposaient tout simplement sur les tables et se mettaient à festoyer. Il arrivait que les soirées se terminent bien après les heures de fermeture des bars, parfois en véritables batailles, en corps à corps, même armé, dans le stationnement arrière qui servait aussi de temps en temps de « gare de triage » à la bande de Rivard.

Des liens existent donc entre les frères Brochu et les propriétaires du Domaine idéal. En plus des contributions de Rivard qui achète des billets pour des parties d'huîtres ou autres activités de financement du genre initiées par Guy Brochu, des ententes commerciales existent entre les deux commerces. Les fameux autobus qui se rendent au Domaine sont toujours les bienvenus, peu importe l'heure, s'ils s'arrêtent au Laval Curb Service. Les chauffeurs reçoivent de bons pourboires s'ils le font. Les musiciens et les employés du Domaine vont souvent se restaurer chez Guy. En contrepartie, les Brochu ne se gênent pas pour recommander le Domaine à leurs clients. Et puis quand Lucien ou ses amis ont besoin de salles de réunion privées pour des événements particuliers, on les reçoit à l'arrière du restaurant.

Malgré cette proximité, Guy Brochu ne trempera jamais dans les affaires criminelles de Rivard, dont il ne connaîtra officiellement l'existence qu'après son arrestation. Malheureusement, ce ne sera pas le cas de son frère Gilles qui fricotera avec le caïd et mourra assassiné.

Laredo, Texas

Le 10 octobre 1963, alors que Rivard en est probablement à préparer les bâtiments de son domaine pour l'hiver, son passeur Michel Caron et sa femme Marie-Ida, en mission commandée, sont arrêtés à la douane américaine, à la frontière du Mexique. Soupçonneux car il semble qu'un important trafiquant a été repéré dans la région, les douaniers ont décidé de fouiller les véhicules étrangers deux fois plutôt qu'une, y compris la voiture du couple qui, évidemment, annonce qu'il n'a rien à déclarer.

Une partie de la livraison que Caron rapporte de Mexico a été cachée par des confrères mexicains sous la banquette arrière de la voiture plutôt que sous le siège avant du passager comme l'avait ordonné Rivard. Ce faisant, la marchandise devient nettement plus facile à découvrir.

Après les premières questions d'usage, les douaniers demandent au couple de sortir de la voiture. La fouille débute. En mettant simplement le genou sur le siège arrière, un des douaniers remarque sa rigidité et le recouvrement inhabituel de la banquette. En moins de deux, on découvre 27 sacs de plastique transparent bien répartis entre les ressorts. Quelques minutes plus tard, on met la main sur 39 autres sacs dissimulés dans les portières. Au total 76 livres (34,5 kilos) d'héroïne pure, d'une valeur de 35 millions de dollars sur le marché noir, viennent d'être saisies.

Lorsqu'interrogé, Caron commence par éviter les questions en scandant toutefois que sa femme n'a rien à voir là-dedans. Il craint pour sa vie et celle de ses quatre enfants à Montréal. Il commence à paniquer, car il sait qu'on a trouvé sur lui des bouts de papier qui peuvent incriminer Rivard. Constatant le désarroi du passeur, on fait venir deux enquêteurs de la GRC de Montréal (Ronald Crevier et Gilles Poissant) pour l'interroger différemment et peut-être gagner sa confiance.

Il faudra trois jours aux policiers canadiens pour commencer à faire parler Caron. Ce dernier a reçu la visite d'un avocat de Montréal ,qui lui a promis, après lui avoir expliqué que les choses iront très mal s'il ouvre sa « grande trappe », l'argent nécessaire au cautionnement de sa femme, fixé à 250 000 $.

Finalement, après d'inlassables tentatives de déstabilisation de la part de Crevier et de Poissant, Caron s'écrase et se met à table. Il dira tout ce qu'il sait. Pendant six jours, il se livrera aux enquêteurs de la brigade des stupéfiants ainsi qu'aux représentants de la justice américaine qui sont là en grand nombre. Il est vrai qu'il s'agit d'une des plus importantes saisies jamais réalisées aux États-Unis.

Dans son témoignage, Caron identifiera clairement Lucien Rivard ainsi que François Groleau, Julien Gagnon et Raymond Jones comme les principaux responsables des opérations auxquelles il se prête depuis deux ans. Plus encore, il nommera de nombreux membres de la *French connection* en expliquant comment ils font partie du réseau. Des analyses chimiques de la drogue saisie viendront d'ailleurs confirmer qu'il s'agit du même produit qui a été saisi plusieurs fois depuis le milieu des années 1950 et relié au gang français.

Voici comment il termine son témoignage : « Le 19 octobre 1963, dans l'après-midi, Me Danis lui-même est venu me voir de Montréal. Il m'a dit que tout irait bien tant que je fermerais ma gueule et que je ne parlerais à personne. Si jamais je parlais dans l'espoir d'avoir une faible sentence, il m'a dit que la gang s'occuperait de moi où que je sois, et que ma femme et mes enfants pourraient se faire tuer. Je lui ai dit que je n'avais pas parlé et que j'avais détourné les soupçons sur les Italiens. Il m'a dit que j'avais bien fait et que je devrais continuer de la fermer. Mon procès devrait avoir lieu au mois de février et on s'occuperait de m'obtenir une petite sentence. D'ici là, il m'a dit que le cautionnement de ma femme serait réduit dans quelques jours et que l'organisation paierait la note. « Je vous ai tout dit. Maintenant, si vous êtes capables de protéger ma femme et mes enfants, je suis prêt à témoigner en cour contre Rivard et les autres. »

Lucien Rivard ne le sait pas encore, mais son monde est en train de basculer. Pour une rare fois depuis 10 ans, mis à part l'incident Castro, il ne contrôle pas totalement son existence. Cette double vie qu'il a mis tant de soin à construire et à cacher est sur le point d'être révélée au grand jour. Cela dit, aussi clair et direct que ce témoignage puisse être, il n'est pas suffisant pour l'arrêter immédiatement.

On a néanmoins mis la main sur un précieux butin, car ce témoignage confirme que la filière française tant recherchée par les brigades de stupéfiants internationales est toujours active. Michel Caron devient tout à coup quelqu'un de très important dans la lutte incessante pour le démantèlement de ce réseau puissant qui pratique un commerce dont les ravages sur les humains sont irréversibles.

On fait donc ce qu'il faut pour assurer la protection de Caron, de sa femme et de ses enfants. Robert Kennedy, le déjà célèbre procureur général des États-Unis, téléphone à son homologue canadien pour lui indiquer que ses services vont assurer la protection des enfants du détenu. Ils sont aussitôt amenés dans un endroit secret sous la protection des agents américains.

De leur côté, les gens de la brigade des stupéfiants redoublent d'ardeur. Ils font tout ce qu'ils peuvent pour confirmer et corroborer les déclarations de Caron. Patrouilles, filatures, interrogatoires, écoute et perquisitions n'ont de cesse.

Cette arrestation et toute l'agitation qui en résulte inquiètent énormément le clan Rivard. On fomente même des plans pour faire libérer Caron sous caution pour ensuite l'éliminer. Pourtant, il se peut que Caron ne soit pas l'unique responsable des malheurs de l'organisation Rivard. Il a peut-être même été piégé à son insu, ainsi que son patron, dans une affaire qui déborde largement le simple trafic de drogue.

Rivard impliqué dans l'assassinat du président Kennedy?

Lucien Rivard, croyez-le ou non, a peut-être eu un rôle à jouer dans un épisode important de l'histoire de l'humanité. C'est ce que prétend le scénariste et auteur Maurice Philips lorsqu'il associe le commerçant criminel à ceux qui auraient prémédité l'assassinat de John Fitzgerald Kennedy le 22 novembre 1963.

Pour adhérer à sa thèse, il faut d'abord être convaincu que John Kennedy a été tué par plus d'un homme, comme l'ont révélé plus ou moins exactement différentes enquêtes journalistiques et publiques aux États-Unis. C'est entre autres cette théorie, plausible, qui a mené au film *JFK* réalisé par Oliver Stone en 1992 et qui a fait grand bruit à l'époque.

Il faut ensuite faire entrer le clan Cotroni, le clan corse, avec à sa tête Paul Mondolini, l'important mafioso américain Santo Trafficante et plusieurs autres acteurs dans la toile d'araignée tissée pour éliminer le président. Tous ces gens connaissaient et avaient commercé avec le caïd Rivard. De complot avec des groupes anticastristes pistonnés par la CIA, tous ceux-là aussi auraient eu intérêt à se débarrasser de Kennedy.

Pour associer Rivard au drame de novembre 1963, il faut encore se souvenir qu'il a été trafiquant d'armes à Cuba et intégrer les liens qu'avait possiblement le bandit québécois avec Jack Ruby, qui a tué Lee Harvey Oswald, l'assassin « officiel » du président américain. Ruby et Rivard ont frayé ensemble à Cuba. Les deux hommes se seraient aussi rencontrés en d'autres occasions. Les liens de Ruby avec tous ceux mentionnés précédemment sont presque indéniables.

Il faut se débarrasser du président

Partant de là, voici, selon ce qu'on peut imaginer à partir des théories de Philips, ce qui s'est peut-être produit.

Aux États-Unis, une sorte de réseau illicite qu'on a qualifié entre autres de « complexe militaro-industriel » (auquel se joignait la mafia selon ses intérêts) détestait les Kennedy, notamment leur pensée pacifiste, antiraciste et sociale-démocrate.

En effet, dès l'élection de John Kennedy à la présidence, la nouvelle ère proposée par le clan Kennedy venait potentiellement destabiliser un modèle de pouvoir et d'enrichissement bien installé depuis 50 ans dans le monde entier, dont à Cuba.

Deux incidents majeurs vinrent finir de convaincre les adversaires du nouveau président des États-Unis qu'il fallait remédier à la situation. Et les deux eurent lieu à Cuba, paradis de tous les criminels industriels et de tous les mafieux américains, italiens et français.

D'abord, le débarquement raté de la baie des Cochons en 1961. Il s'agissait d'une opération initialement commandée par l'administration du président Eisenhower, inquiète de la montée communiste à Cuba et lancée sans grand enthousiasme par Kennedy. Elle visait à faire débarquer à Cuba, le 17 avril 1961, dans la baie des Cochons située à 200 kilomètres de La Havane, 1500 anticastristes exilés aux États-Unis (à Miami principalement) et entraînés par la CIA pour renverser le nouveau régime de Castro. Mais le *Lider Maximo*, aidé par le KGB et des agents doubles, fut mis au courant de tout. Avec quelques avions et 200 000 conscrits attendant les mercenaires américains, il se défit en moins de 48 heures de l'assaut des États-Unis. Les batailles firent 161 morts du côté cubain et 107 chez les anticastristes. Ce fut une défaite cuisante et humiliante pour l'Oncle Sam. On eut tôt fait dans les puissants milieux d'affaires américains d'en imputer la faute à ce faiblard de Kennedy qui, visiblement, y était allé à reculons et qui prit l'entière responsabilité de la défaite.

Et puis survint 18 mois plus tard la crise des missiles cubains. La guerre froide sévissait toujours entre l'URSS et les États-Unis. Les Américains avaient installé en Turquie et en Italie des missiles nucléaires qui pointaient vers la Russie. En mai 1962, le président Khrouchtchev envoya 50 000 soldats, 36 missiles et des sous-marins à Cuba de façon à défendre l'île de potentielles attaques américaines.

Du 22 au 31 octobre 1962, la planète passa plusieurs fois à deux doigts de sombrer dans un conflit mondial. Cet épisode absolument spectaculaire de l'histoire politique internationale a été maintes fois raconté et a même fait l'objet de films. Les interprétations concernant les gagnants et perdants de cet affrontement majeur se poursuivent encore aujourd'hui. Ce qui est clair, toutefois, c'est que, en réglant la situation au profit d'une certaine paix mondiale, Kennedy causa des problèmes à tous ceux qui souhaitaient continuer de faire commerce avec Cuba.

C'est alors que s'organisèrent, selon de nombreux analystes, historiens et journalistes enquêteurs de cette époque, des scénarios d'assassinat de John Fitzgerald Kennedy par ceux qui n'en pouvaient plus de voir leur monde s'écrouler. Ces hypothèses remettent évidemment en cause la version officielle présentant l'histoire du tireur fou, Lee Harvey Oswald, qui aurait tué seul le président.

Le pigeon

Selon ces scénarios, parmi ceux qui auraient participé au complot se trouvent les barons de la mafia. Et c'est là que Rivard entre malgré lui en scène. Les mafiosi se préparant à commettre l'irréparable se servirent, de connivence avec les services secrets américains, de Caron et de leur ami Lucien, un membre du réseau, pour détourner l'attention des douaniers et des services policiers en prévision du 22 novembre 1963. Ils le vendirent littéralement en fabriquant de toutes pièces des indices (par exemple la camelote mal dissimulée dans la voiture de Caron) et en fournissant des renseignements nécessaires à la capture de ce dernier à la frontière entre le Mexique et les États-Unis. Toujours selon cette théorie, les services secrets américains auraient dû être mis au courant des agissements de Rivard bien avant la saisie de la cargaison de Caron. En occupant une partie de la police et de la justice américaine de la sorte, les instigateurs du complot contre le président finirent de manœuvrer à leur guise, en route vers Dallas. Rivard aurait donc été utilisé à son insu comme objet de détournement. Il devint donc ce qui s'appelle, en langage policier, un pigeon.

Que Rivard ait été ou non un instrument d'un vaste complot, le 7 mars 1964, la Police provinciale, comme venue de nulle part, avise la GRC qu'elle vient d'incarcérer Lucien Rivard et deux autres individus : Gilles Brochu (le frère de Guy) et Roger Beauchemin. Le narcotrafiquant est arrêté, mais pour un tout autre motif que ce type d'activités. Les trois hommes ont été ramassés à la suite d'une plainte formulée par un entrepreneur en électricité de l'île Jésus nommé Raymond qui déclare avoir été volé et battu par Rivard et ses complices. Sa femme aussi a été molestée. Il semble que l'homme aurait parlé en mal de Rivard. Ce dernier ne l'aurait pas du tout apprécié et aurait décidé de donner une leçon au plaignant. Si cela est vrai, jamais orgueil n'aura été plus mal placé puisque c'est ce délit somme toute mineur qui amorcera la descente aux enfers du caïd.

La séquence qui suit ressemble à ce qu'on peut imaginer qu'était la vie à l'époque du Far West américain. Quand les policiers de Chomedey (ville de l'ouest de l'île Jésus) chargés d'épingler Rivard et ses deux acolytes les déplacent avec l'intention d'aller les remettre à la Police provinciale, cinq fiers-à-bras à la solde de l'entrepreneur Raymond, placés en embuscade, se ruent sur Rivard et ses amis pour leur remettre la monnaie de leur pièce. Pendant ce temps-là, les policiers les laissent faire. S'ensuit une bataille qui aurait pu mal tourner pour les trois inculpés, n'eût été la grande force de **Rivard**. Ce dernier soignera d'ailleurs d'importantes blessures après l'altercation.

Les choses n'en resteront pas là. Le chef de ces fiers-à-bras sera tué d'une balle à la tête un an plus tard à Chomedey, sans que jamais on trouve les responsables de ce meurtre.

En attendant, les trois hommes se retrouvent donc amochés en prison. C'est alors que Beauchemin, qui a travaillé au Domaine idéal et effectué une « livraison » aux États-Unis pour son propriétaire, fait savoir on ignore pourquoi, sinon pour se prémunir de peines trop lourdes, qu'il a des choses importantes à dire sur Rivard. Crevier et Poissant, les mêmes enquêteurs de la brigade des stupéfiants qui avaient cuisiné Caron à Laredo, s'amènent prestement et saisissent un témoignage qui sera primordial pour l'inculpation du commerçant criminel. Nous sommes le 9 mars 1964.

L'arrestation

Le 13 mars 1964, Rivard, Brochu et Beauchemin se présentent devant le juge pour l'enquête préliminaire relative au vol et à l'assaut de Raymond, l'entrepreneur en électricité. Ce dernier, qu'on a fait venir et à qui on demande d'identifier les trois accusés, s'exécute. Mais arrivé à Rivard, il est frappé d'un trou de mémoire. Il ne le reconnaît plus !

La GRC apprend peu après que lui et sa femme ont été victimes de menaces de mort, et qu'il s'est protégé de la sorte. Rivard est donc libéré faute de preuves pendant que ses deux compagnons d'infortune sont cités à procès. Le magicien de l'échappatoire s'en est encore sorti.

Comme au moment de son arrestation pour port d'armes, à La Havane, Rivard a encore trouvé le moyen d'échapper à la justice. Mais il ne sait pas que depuis le 7 janvier il est sous le coup d'une inculpation formelle pour trafic international d'héroïne, présentée par un grand jury fédéral du district sud du Texas. Maintenant que la GRC a en mains la confession de Beauchemin, qui recoupe celle de Caron, on considère que le compte est bon. Le numéro un de la drogue au Canada sera bientôt arrêté, cette fois pour trafic de stupéfiants.

Rivard est constamment surveillé. On l'aperçoit souvent en compagnie de Bill Lamy ou chez une autre de ses relations, Eddy Lechasseur, un récidiviste qui est propriétaire d'un commerce : Les Immeubles du Plateau. Il se présente aussi régulièrement à l'aéroport de Dorval. Il gère les allées et venues de bien des gens. Un jour, il s'y rend accueillir Gaston Clermont, homme d'affaires de l'île Jésus, patron de Roger Beauchemin et réputé organisateur du Parti libéral. Rivard et Clermont se sont connus à Auteuil et ont déjà passé du temps ensemble, accompagnés de leurs femmes, à Mexico. Après une heure et demie de discussion à l'aéroport, Clermont achète des billets pour le lendemain à destination de Mexico. Il semble qu'il soit porteur d'un message de Rivard. Mais cette piste sera abandonnée. Fait anecdotique, Gaston Clermont qui ne restera jamais bien loin de la politique, deviendra durant les années 1990 le chauffeur de Lucien Bouchard.

À la fin de mai, une fois Michel Caron mis derrière les barreaux pour 10 ans, Robert Kennedy ordonne d'entreprendre les procédures en extradition de Lucien Rivard, ainsi que de Raymond Jones, Julien Gagnon et Charles-Émile Groleau qui ont aussi été identifiés par Beauchemin. La faiblesse de Rivard aura-t-elle été l'orgueil ou la cupidité ? En voulant se venger d'un entrepreneur qui voulait lui faire mauvaise réputation, Rivard a provoqué une situation à laquelle il ne s'attendait pas. Un de ses acolytes l'a trahi. En choisissant des hommes peu fiables comme Caron et Beauchemin pour toujours augmenter le volume de ses transactions, il a multiplié les risques d'erreur et de glissement.

« Tant va la cruche à l'eau qu'à la fin elle se casse », dira simplement Gilles Poissant lorsque interrogé sur ce qui, selon lui, aura été l'erreur fatale du bandit. L'appât du gain jumelé à un excès de confiance, voilà probablement l'analyse la plus objective de ce qu'on croit être la fin de la carrière de Lucien Rivard.

Le 17 juin 1964, Mᵉ Pierre Lamontagne, jeune procureur désigné par le ministère fédéral de la Justice, agissant dans ce cas au nom du gouvernement américain, est chargé de faire le nécessaire pour que Rivard soit amené aux États-Unis pour être jugé. Le 19 juin, Lucien et ses complices sont donc arrêtés. Lamontagne, un habitué de ces causes et un collaborateur assidu de la GRC dans ses enquêtes et procédures, est loin de se douter que les choses ne seront pas si simples et qu'il sera en quelque sorte à l'origine de la rocambolesque « affaire Rivard » dont on parle encore aujourd'hui.

Chapitre 4

L'AFFAIRE RIVARD
Acte I – Le scandale

L'arrestation de Rivard et de ses complices ne connaît à peu près aucun écho sur la scène publique judiciaire. À peine un entrefilet dans les quotidiens *Le Devoir* et *Montréal-Matin*. Rien dans *The Gazette* ou le *Montreal Star*, quotidien de fin de journée. Dans une des dépêches, on l'appelle même Léo. Nous sommes loin de la notoriété qu'il acquerra très bientôt.

S'il est connu du monde interlope et des services policiers, il est tout à fait inconnu du grand public et des médias à titre de criminel. Sauf pour Cuba, sa dernière incarcération sérieuse remonte tout de même au début des années 1940. Claude Lefebvre, qui fut maire de Laval entre 1981 et 1989 et qui était échevin à Duvernay, sur l'île Jésus, au début des années 1960, confirme le fait que les activités illicites de Rivard ne l'avaient absolument pas fait connaître du public. Ce qui était déjà le cas, par exemple, des Cotroni.

« Nous savions que le Domaine idéal était un endroit peu fréquentable. Mais de là à penser que

Lucien Rivard était un caïd international, il fallait avoir beaucoup d'imagination. Nous avons tous été surpris par son arrestation. » Cette grande préoccupation qu'aura Rivard toute sa vie pour son image de bon gars s'illustre parfaitement à ce moment. Jusque-là, il a réussi sa double vie.

Détail intéressant, une grève sévit à *La Presse*, ce qui fait un média de moins pour témoigner de l'arrestation du bandit. Le conflit de travail durera plusieurs mois encore. Profitant de la situation, Pierre Péladeau lancera le *Journal de Montréal* le 15 juin. Ce sera la belle époque du photographe Toto Gingras, de la pin up (tout de même un peu habillée) en page 7 et de Jacques Beauchamp et André Rufiange, journalistes qu'on a volés aux compétiteurs.

Pendant que Louis Laberge devient président de la FTQ, que le cardinal Léger se rend à Rome rencontrer Paul VI, le remplaçant de Jean XXIII, et que Monica la mitraille braque des banques, Rivard ne se préoccupe plus trop ce qui se passe dehors. Il se bat de sa cellule de la prison de Bordeaux pour ne pas être déporté aux États-Unis. Il est prêt à faire tout ce qu'il faut pour éviter d'être jugé là-bas et sortir au plus vite de la principale prison provinciale du Québec.

Son avocat est Raymond Daoust, le même qui a intercédé pour lui à Cuba en 1959. Daoust, maintenant célèbre, est qualifié « d'avocat de la pègre » parce qu'il fait partie des relations de la famille Cotroni, la représente et la défend, ainsi que de nombreux autres criminels, dont Jacques Mesrine. Il mènera une carrière flamboyante de plus de 20 ans. Réputé pour la qualité de ses contre-

Raymond Daoust, l'avocat de la pègre. Il fera entre autres sortir Lucien Rivard de sa prison de Cuba.

interrogatoires, il aime les feux de la rampe. Au début des années 1970, il ira même jusqu'à fonder son propre hebdomadaire, *Photo-Police*, et ce, pour faire concurrence à *Allô Police*, publication principale du Québec en matière d'affaires criminelles avec laquelle il s'est brouillé. L'hebdo refusant de mentionner son nom dans ses reportages, il s'est acheté un journal. Raymond Daoust est un *playboy*, fréquente le jet-set. On lui doit aussi, semble-t-il, la présence de Fidel Castro à Montréal en 1969, ce dernier ayant été invité par Daoust à venir prononcer une conférence à l'hôtel Windsor devant la Chambre de commerce. Nul ne sait toutefois si ses relations avec le chef cubain remontaient au temps de la libération de Rivard.

Bordeaux

Pour des raisons pratiques, l'avocat a son bureau à proximité de la prison de Bordeaux, qui est située dans le nord de la ville de Montréal, tout près de la rivière des Prairies. L'institution, dont le véritable nom est l'Établissement de détention de Montréal, a été rendue célèbre parce qu'elle s'est avérée au début du XXe siècle la solution moderne, mais coûteuse, de remplacement à la prison du Pied-du-Courant située près du fleuve Saint-Laurent au sud de la ville, qui était devenue un véritable taudis pénitentiaire. Il fallut 5 ans pour la construire, et le projet entraîna un dépassement de coûts astronomique, passant de 500 000 $ à 2 millions et demi de dollars. Plus ça change…

Quatre-vingts personnes y furent pendues jusqu'à 1962, et l'édifice, qui de nos jours peut recevoir plus de 1000 détenus, connut au fil des décennies sa bonne part d'émeutes. Le nouveau résident Rivard qui n'entend pas s'y installer va bientôt contribuer à sa façon à sa notoriété.

Puisque le juge lui refuse tout cautionnement, il commence par demander à Daoust et à une batterie d'avocats de faire en sorte de gagner du temps. Ils s'exécutent bel et bien. Les procédures devant les tribunaux s'étirent jusqu'au 25 septembre, date à laquelle le juge Prévost de la Cour supérieure ordonne l'extradition. Des requêtes en *habeas corpus* viennent aussitôt empêcher l'exécution immédiate du jugement.

Pendant ce temps, le nouveau détenu mène pour ainsi dire la grande vie à la prison de Bordeaux. Il s'y promène presque librement. Il boit et mange bien, se fait porter dans sa cellule, après de généreux pourboires aux gardiens, des mets chinois et italiens venus de bons restaurants, organise des parties de dés et de cartes à 100 $ dans sa cellule, regarde la télévision comme bon lui semble, se fait des amis de toute sorte. L'hebdomadaire *Le Petit Journal* prétend alors que Rivard loge à ce qui est appelé «l'hôpital des millionnaires», et qu'il peut même recevoir des femmes. A-t-il droit à tous ces égards à cause de l'argent qu'il distribue allègrement ou encore grâce à ses contacts avec les autorités politiques qu'on découvrira bientôt? Il jouit en tout cas d'un statut privilégié et de nombreux passe-droits qui lui seront bientôt très utiles. L'homme de relations est à nouveau à l'œuvre.

Et puis, en bon stratège, il dirige, à distance, une opération d'un autre ordre. Tout cela dans le but de sortir de prison au plus vite. Tout cela sans savoir que les six prochains mois feront de lui une célébrité hors du commun, dont on parlera encore un demi-siècle plus tard.

Le scandale

Le 23 novembre 1964, pendant que les avocats du caïd se débattent à la Cour du banc de la reine pour obtenir délai par-dessus délai pour leur client, l'opposition au gouvernement minoritaire libéral de Lester. B. Pearson lance une bombe à la Chambre des communes. Le chef du NPD, T.C. Douglass, et le député conservateur Eric Neilsen accusent en pleine chambre Me Raymond Denis, ex-chef de cabinet du ministre de l'Immigration, et Me Guy Lord, ex-adjoint spécial du ministre de la Justice, d'avoir tenté de corrompre Me Pierre Lamontagne (celui-là même qui est chargé d'extrader Lucien Rivard) pour l'obtention de la mise en liberté sous caution du caïd. Selon ce qu'on apprend, Raymond Denis a offert 20 000 $ à Lamontagne pour qu'il ne s'oppose pas à la remise en liberté de Rivard. Il s'agit d'une somme importante, probablement 200 000 $ aujourd'hui.

Au moment de ce cataclysme pour le gouvernement libéral, à peu près personne au Parlement d'Ottawa n'a idée de qui peut bien être ce Rivard pour lequel on a tenté d'intercéder. On apprendra très vite qu'il s'agit d'un des plus importants trafiquants de drogue d'Amérique, et que les États-Unis le tiennent pour ainsi dire en «haute estime». Mais ce jour-là, l'attention des parlementaires progressistes-conservateurs, néo-démocrates et créditistes est avant tout portée vers leurs amis libéraux.

Les liens présumés que l'on vient de découvrir entre politiciens et criminels n'ont rien d'étonnant pour l'époque.

Le Canada vient de passer à travers pas moins de quatre élections générales en six ans, dont deux en un peu plus d'un an. En 1962, qui marque l'arrivée du NPD dans l'arène politique, les conservateurs ont pris le pouvoir avec à peine 17 sièges de majorité sur les libéraux. En 1963, renversement de situation ; les libéraux sont à 7 sièges d'une majorité et forment le gouvernement avec 129 députés pour les progressistes-conservateurs, 24 pour les créditistes du coloré Réal Caouette et 17 pour le NPD. Le Québec lui, a voté rouge en majorité aux deux élections.

Le pays est donc un paradis pour tous ceux qui veulent obtenir des faveurs en donnant un coup de main bien dirigé aux élections. Et Rivard ne s'en est pas privé.

La situation qui est mise à jour à la Chambre des communes est connue depuis un certain temps à l'intérieur du gouvernement. C'est d'ailleurs la raison pour laquelle Denis et Lord ont démissionné et ne travaillent déjà plus à Ottawa. Le ministre Tremblay qui, on le verra, avait été clairvoyant, et Guy Favreau, ministre de la Justice qui fut pour sa part plus lent à réagir, leur ont demandé de démissionner aussitôt qu'ils ont su dans quoi ils s'étaient embarqués.

Même si le *Toronto Star* commence dès le 14 novembre à ébruiter indirectement l'affaire, jamais on ne saura, à moins que cela ait été tout simplement le résultat de son travail, comment l'opposition a obtenu ces informations. Est-ce le fruit de fonctionnaires qui ont intérêt à se débarrasser du gouvernement, de journalistes qui ont échangé ces informations contre d'autres ou encore de la GRC elle-même qui veut faire diversion alors qu'on l'accuse de travail bâclé ?

En tout cas, l'opposition ne se satisfait pas de ces démissions qu'affiche le gouvernement comme preuve que tout est rentré dans l'ordre. Elle se demande, le chef de l'opposition John Diefenbaker en tête, comment le ministre de la Justice et la GRC en sont arrivés à conclure qu'il n'y a pas de preuve suffisante pour que des accusations soient portées et que des poursuites criminelles soient intentées. L'opinion publique s'en mêle, et le NPD de même que les conservateurs ne lâchent pas le morceau de choix qu'ils ont dans leur assiette. Les titres sensationnalistes affluent : « Tentative de corruption à Ottawa ! », « Un scandale politique sans précédent ». Le premier ministre Pearson qui n'est pas en Chambre au moment où l'affaire éclate est obligé de rentrer à Ottawa de toute urgence.

La Commission Dorion

L'affaire connaît un retentissement national. Le 25 novembre, le gouvernement, déjà faible en raison de sa position minoritaire en chambre, n'a pas le choix et ordonne une enquête judiciaire qui s'avérera extrêmement coûteuse sur le plan politique. Elle sera confiée au juge Frédéric Dorion, juge en chef de la Cour supérieure du Québec (identifié aux bleus !). Le même jour, Guy Rouleau, l'adjoint parlementaire du premier ministre Pearson, demande en Chambre à être relevé temporairement de ses fonctions. Son nom apparaît dans un rapport de la Gendarmerie royale portant sur l'affaire, et il préfère s'en remettre à l'enquête qui permettra, dit-il, de blanchir sa réputation.

Guy Rouleau est élu au fédéral depuis 1953. Il a connu Rivard par l'intermédiaire de son frère Raymond, organisateur politique qui est une bonne connaissance de Rivard. Guy Rouleau est député de la circonscription de Dollard, qui touche pratiquement au Domaine idéal. Il a aidé Rivard à obtenir le permis d'alcool de son commerce. Pas plus tard qu'en juin 1964 il a rencontré Rivard à Ottawa, qui, accompagné de Raymond Rouleau, venait demander au député s'il ne pouvait pas s'arranger pour faire muter son ami Bob Tremblay de la prison de New Westminster en Colombie-Britannique à celle de Saint-Vincent-de-Paul sur l'île Jésus.

L'adjoint parlementaire du premier ministre a de nouveau entendu parler de Rivard en août lorsque son frère Raymond lui a demandé, piloté par Guy Brochu et plusieurs autres amis du propriétaire du Domaine idéal, d'intercéder en sa faveur pour obtenir une libération sous caution. Ce à quoi le député a répondu candidement qu'il s'en occuperait.

Cette démonstration des mœurs politiques de l'époque est éloquente. Intervenir pour l'obtention d'un permis d'alcool, voir à faire muter, à l'intérieur du système carcéral, un prisonnier malheureux, intervenir dans le système de justice, voilà des choses que les députés faisaient plus facilement à l'époque quand ceux qui le demandaient contribuaient aux caisses électorales.

Vous êtes rouge ou bleu. On vous aide ou on ne vous aide pas.

La déontologie propre à ces interventions d'élus était aussi beaucoup plus élastique. Tous les filets de sécurité, toutes les lois et règles qui protègent maintenant les administrations publiques contre les interventions politiques directes ont beaucoup contribué à améliorer les choses d'un point de vue éthique. Il y aura toujours des exceptions, et nous en sommes encore témoins. Mais, dans les années 1960, force est d'admettre que les gouvernements ressemblaient quelque peu à des passoires et à des clubs privés.

La tempête n'a de cesse aux Communes. L'opposition n'est pas satisfaite du mandat confié au juge Dorion. On veut qu'il étudie les agissements du ministre de la Justice Guy Favreau, vedette du gouvernement, pressenti pour succéder à Pearson, juriste éminent, mais mauvais politicien qui sera d'ailleurs le bouc émissaire et la grande victime de toute cette affaire. Durant les débats, on va même jusqu'à présenter une motion proposant de réduire son salaire à 1 $ durant la durée de l'enquête !

Guy Favreau, professeur de droit et haut fonctionnaire, a été élu pour une première fois dans la circonscription de Papineau en 1963. Tout de suite, il est nommé ministre de l'Immigration, passe ensuite à la Justice en 1964 et est aussi, au moment de la crise, leader des députés libéraux du Québec à la Chambre des communes. Sans expérience du jeu politique, combatif, il ne sait pas trop ce qui vient de lui tomber sur la tête. Cet homme de grand talent est entre autres à l'origine

Le ministre de la Justice du Canada, Guy Favreau. Un homme irrémédiable-
ment soumis à la pression médiatique et publique.

de la formule constitutionnelle connue sous le nom de Fulton-Favreau (préparée en collaboration avec le ministre de la Justice conservateur Edmund Davie Fulton à la fin des années 1950) qui propose une formule inédite de modification à la Constitution canadienne qui fera l'objet de nombreux débats. Il n'est pas habitué aux combats de ruelle.

Finalement, le mandat du juge Dorion sera le suivant : enquêter sur les allégations relatives à des incitations irrégulières et à des pressions abusives auxquelles on aurait eu recours en vue d'influencer l'avocat qui s'occupe de la requête en extradition de Lucien Rivard, et enquêter sur les circonstances pertinentes à cette affaire et sur la façon dont la Gendarmerie royale du Canada, tout membre de celle-ci, le ministère de la Justice et le ministre lui-même ont agi à l'égard des allégations lorsque celles-ci ont été soumises à leur attention.

Malgré ce mandat défini, la Chambre des communes est en folie pendant une semaine entière. On crie, on chahute, on frappe sur les pupitres. Le gouvernement échauffé vient tout près, à un certain moment, d'être renversé.

Voici un extrait d'un éditorial de Claude Ryan paru dans *Le Devoir* du samedi 28 novembre 1964, qui témoigne de l'ampleur de la crise :

> *Renversement spectaculaire de vapeur, au Parlement, hier. Le gouvernement a finalement consenti à élargir le mandat de la Commission Dorion. Et la motion conservatrice visant à - éliminer M. Favreau a subi un cuisant revers : 111 voix contre 30.*
>
> *Que conclure de ces événements dramatiques?*

De la part du gouvernement, on peut interpréter la décision d'hier à la fois comme un aveu de faiblesse et comme un geste de solidarité à l'endroit de M. Favreau.

Aveu de faiblesse, car M. Martin, premier ministre intérimaire (il s'agit du père de l'autre Paul Martin) avait nettement déclaré, la veille, que le mandat de la commission d'enquête était suffisamment large. Vingt-quatre heures plus tard, pour la centième fois depuis dix-huit mois, le gouvernement faisait machine arrière sous la pression des groupes minoritaires qui détiennent la balance du pouvoir.

Geste de solidarité envers M. Favreau, et cela à deux points de vue différents. En consentant à ce que l'enquête porte également sur la conduite du ministre de la Justice, le gouvernement affirme sa confiance à l'endroit de M. Favreau. Au lieu de l'inviter à démissionner, ses collègues ont décidé, en somme, de se fier à sa parole, jusqu'à plus ample informé. De plus, la décision du gouvernement entérine, en quelque sorte, une proposition qu'avait faite M. Favreau lui-même à une étape antérieure du débat sur l'affaire Rivard ; si, au lieu de vouloir protéger le ministre, on avait accepté son avis dès le début, on se serait peut-être épargné, du côté ministériel, l'odieux de cette nouvelle retraite.

Seul l'avenir dira si le gouvernement a eu raison d'agir ainsi. Mais, en attendant, une leçon reste claire : M. Favreau, s'il veut restaurer son prestige, devra apprendre à patiner seul et à parler plus nettement devant le Parlement.

Le réseau Rivard à l'œuvre

Pourquoi donc tout ce cirque? Dès le mois de juin 1964, Rivard a mis une petite équipe en place dont font partie sa femme Marie, un dénommé Bob Gignac (qui n'a aucun lien de famille avec l'auteur, précisons-le) et Eddy Lechasseur. Il les dirige à partir de visites qu'ils lui font à la prison. Ce qu'il leur demande est simple : ils doivent jouer d'influences politiques pour sa libération. Gignac commencera par offrir 1000 $ à un certain Guy Masson, organisateur libéral, pour qu'il les aide. Rivard demandera aussi à sa femme et à Eddy Lechasseur de parler à Raymond Rouleau pour qu'il agisse aussi auprès des autorités concernées, dont son frère député, Guy.

Masson, ne reculant devant rien pour aider son ami Rivard et surtout pour s'enrichir un peu, rencontrera son bon ami Raymond Denis, chef de cabinet du ministre de l'Immigration et de la Citoyenneté. Il sait que Denis est un ami intime de Pierre Lamontagne, l'avocat qui est chargé d'extrader Rivard. Il lui fera valoir que s'il réussit à intervenir en faveur du propriétaire du Domaine idéal, le Parti libéral pourra bénéficier de contributions à la Caisse pouvant aller jusqu'à 60 000 $.

Denis, de façon assez incroyable pour un attaché politique, prendra alors le risque de parler à son ami Lamontagne. La rencontre aura lieu le 14 juillet 1964 à Ottawa, et ce dernier se verra offrir 20 000 $ par Denis pour qu'il permette qu'on relâche le caïd. Lamontagne se fera aussi expliquer que son intervention aidera indirectement au financement du parti.

La conscience de Lamontagne

Pierre Lamontagne est un jeune avocat talentueux de 29 ans, membre du cabinet Geoffrion Prud'homme, identifié au Parti libéral. Il reçoit la plupart de ses mandats du gouvernement canadien et de la GRC qui lui demande souvent d'intervenir dans des dossiers criminels.

Lamontagne est un homme de principes, et l'offre surprenante que lui fait Raymond Denis ce soir-là lui est inacceptable, et il la refuse sur-le-champ. Il est surpris et presque insulté de recevoir une telle proposition. Mais comme Denis est un bon ami, en rentrant chez lui, il décide tout simplement d'enterrer l'affaire plutôt que de porter plainte comme cela aurait pu arriver.

Toutefois, pendant ce temps, dans le clan Rivard on croit que l'affaire est réglée. On confie même à un certain Rocky Brunette le soin de faire transiter les 20 000 $ en question vers Denis pour qu'il les donne à Lamontagne. Brunette, petit malfrat, videur de profession, flairant la belle affaire, se sauvera plutôt avec la somme. On le retrouvera assassiné le 17 septembre à la porte de l'Auberge Castor de Vimont, là où il travaille. Gignac sera accusé de ce meurtre, mais libéré faute de preuves. Ça joue dur.

Le 20 juillet, Raymond Daoust, informé à tort du fait que Lamontagne serait maintenant dans le coup, appelle son confrère, même s'il est en vacances, pour enclencher les procédures de cautionnement. C'est alors que Lamontagne lui dit qu'il ne sait pas de quoi il parle. Daoust reste bouche bée. Il explique aux gens de Rivard que tout n'est peut-être pas réglé comme ils le croient.

Bob Gignac rappelle Lamontagne le soir même et le menace littéralement au bout du téléphone. Il ne bronche pas.

Dans les jours qui suivent, Rivard, qui apprend la nouvelle, continue de piloter l'opération de sa cellule. Mais il est dans tous ses états.

C'est alors que Lamontagne commence à recevoir toute une série de coups de téléphone. Guy Lord, adjoint exécutif du ministre de la Justice Guy Favreau, André Letendre, chef de cabinet de ce dernier, de même que Guy Rouleau, l'adjoint du premier ministre, tenteront directement de convaincre l'avocat d'autoriser le cautionnement de Rivard en lui soulignant par exemple que le fait de les aider pourrait lui valoir d'importants mandats. Même l'avocat Daoust continuera de jouer le jeu en signifiant à la Cour une requête en cautionnement alors qu'il sait très bien qu'il ne saurait en être question.

Ce que ces gens ne savent pas, c'est que Pierre Lamontagne, voyant que la rumeur circule à l'effet qu'il serait dans le coup et mesurant l'impact que cela pourrait avoir sur sa carrière, a avisé la GRC des agissements du clan Rivard et du gouvernement. Le 11 août, il demandera officiellement à la police fédérale d'intervenir. Ce geste est extrêmement lourd de conséquences et fait, encore aujourd'hui, l'objet d'interprétations.

En décidant de demander à GRC d'enquêter, Lamontagne se comporte selon un code moral très acceptable. En même temps, il risque, comme ce sera le cas, de faire mal au gouvernement et aux libéraux. Mais il ne s'en doute probablement pas au moment où il décide de se protéger.

Certains de ses confrères de l'époque n'en reviendront tout simplement pas de son geste. Pourquoi s'adresser à la GRC? Tout en refusant l'argent, n'y aurait-il pas eu lieu de procéder autrement pour se défaire de telles pressions indues?

Une première explication du geste de Lamontagne nous vient de la GRC elle-même, plus précisément de Gilles Poissant, jamais loin de Rivard et qui fait partie de ceux qui enquêtent à la suite de la demande de Lamontagne.

«Dans les années 1960, Pierre agissait pour la poursuite fédérale en tant qu'avocat appointé de façon *ad hoc*. Ça n'a pas pris de temps pour constater qu'il était une personne de grande intégrité et très professionnelle. Une sorte de bouffée d'air frais dans le contexte du début des années 1960. C'était une personne à qui je n'hésitais pas à faire certaines confidences.

«À la suite de l'arrestation de Caron à Laredo à l'automne 1963, Pierre, sur nos recommandations, avait été retenu par la douane américaine pour agir pour eux dans le dossier visant l'extradition de Rivard et ses «associés» canadiens. À partir de ce moment, il fut mis au courant d'à peu près tout ce que, en tant que responsables du dossier, nous apprenions. Un climat de confiance régnait entre nous, et je peux affirmer que je n'ai jamais eu de raisons d'en douter.

«Quand Pierre a été approché pour ne pas s'opposer au cautionnement de Rivard, l'enquêteur Crevier et moi avons été les deux premières personnes à en être informées. Comme il devait recevoir un appel téléphonique, nous avions convenu que Crevier écouterait la conversation, ce qu'il a fait pendant que j'étais un témoin d'un côté de la conversation seulement. Pierre ne voulait pas que nous enregistrions l'appel. Nos supérieurs avaient été mis au courant de façon verbale au début et par écrit presque tout de suite, avec copie aux quartiers généraux d'Ottawa. Comme il avait été clairement établi qu'au moins un fonctionnaire fédéral était en cause, le dossier a débordé chez quelqu'un au gouvernement et éventuellement dans les médias. Je n'accuse personne au gouvernement, car le fameux *leak* n'a jamais été cerné de façon convaincante.

« Je sais une chose concernant Pierre. Il voulait qu'à tout le moins Crevier et moi sachions ce qui se passait, je ne me rappelle pas si nous lui avions dit que nous en aviserions nos supérieurs. Il ne nous l'avait pas demandé, mais je dirais qu'il le savait. Avec le recul, je crois qu'il n'avait probablement pas réalisé que l'affaire prendrait une telle direction. Je dois admettre que, si j'avais été à sa place, je crois fermement que j aurais averti ces policiers enquêteurs que je côtoyais de façon régulière, à qui je faisais confiance, et ce, sans penser ou craindre des répercussions. »

M. Poissant fait donc partie comme beaucoup d'autres de ceux qui croient que Lamontagne a agi de la meilleure façon en s'ouvrant de la situation aux policiers. Certains mettront cette initiative au compte de son inexpérience. Personne n'ira jusqu'à suggérer que Lamontagne aurait dû encaisser l'argent, mais plusieurs, principalement chez ceux d'allégeance libérale, reprocheront à Lamontagne de s'en être ouvert à la GRC.

Il est vrai que cette décision entraînera la démission d'un homme de haute valeur comme Guy Favreau. À cet effet, certains, dont le fils de M. Favreau, Louis, affirmeront que la mise à jour de cette magouille au sein du gouvernement et surtout le fait d'y être relié pratiquement par association, aura un effet tel sur son père qu'elle le rendra malade et entraînera son décès prématuré à 50 ans.

Le témoignage de Louis Favreau concernant son père est éloquent et émouvant à ce sujet. « Je l'ai vu passer de 100 kilos à 55 kilos en moins d'un an. C'était un bon vivant qui aimait la bonne chère. C'était aussi un travailleur infatigable. On disait que, lorsqu'une lumière restait allumée le soir dans un bureau à Ottawa, c'était celle de mon père. Mais ça n'explique pas tout. Sans qu'on puisse le prouver, je suis certain pour ma part que toute cette histoire dont la Commission Dorion l'a tenu responsable a eu un impact majeur sur sa santé. Après sa démission, on l'a nommé juge à la Cour supérieure. Mais on le savait condamné. Son cancer était devenu irréversible. Il est mort un mois plus tard. Je crois d'ailleurs que cette nomination a été faite dans le but de procurer une pension à ma mère. »

La décision de Lamontagne engendrera aussi naître une situation qui, en plus de salir des réputations, viendra ternir l'ensemble de la classe politique. Elle occupera des dizaines d'avocats et entraînera de ce fait des frais considérables pour les contribuables, et ce, pendant plus de six mois. Tout ça pour une simple histoire de pots-de-vin.

Yves Fortier, l'ex-ambassadeur du Canada et président du Conseil de sécurité aux Nations Unies, était l'avocat de Pierre Lamontagne devant la Commission Dorion. Il se souvient de son ami comme d'un bon plaideur qui allait à cette époque de succès en succès. « Nous étions un certain nombre de jeunes procureurs à vivre une expérience incroyable, dont Pierre lui-même. Les audiences étaient un véritable spectacle. Nous jouions pour ainsi dire à guichet fermé.

« Il est clair que la décision de Pierre d'en référer à la GRC avait créé une commotion dans le milieu du droit. Particulièrement chez les libéraux. Et il n'y a aucun doute que cette enquête a connu un aussi grand retentissement, par exemple, que la récente Commission Gomery sur l'affaire des commandites. À l'époque, les gens s'arrachaient les journaux. Il y avait de tout là-dedans, y compris des témoignages assez scabreux. En ce qui concerne Guy Favreau, je crois comme beaucoup d'autres qu'il a été profondément marqué par cet épisode incroyable. C'est malheureux. C'était un grand juriste et un gentleman. »

Pierre Lamontagne, aujourd'hui décédé, aura eu lui-même à vivre avec les conséquences de sa décision. À la fin de toute cette histoire, il sera amené à changer sa pratique et développera une nouvelle clientèle à l'extérieur du Canada, entre autres aux îles Caïmans. Est-ce parce qu'il aura été rejeté par ses amis libéraux ? Parce qu'une partie des gens de la profession auront condamné son geste ? Gérald Tremblay, avocat de grande réputation chez McCarthy Tétrault et ami proche de M. Lamontagne aujourd'hui décédé, n'en croit rien. « Pierre s'est éloigné pour des raisons qui tiennent à ses finances personnelles. Ça n'avait rien à voir avec le fait d'avoir informé la GRC. » Lamontagne a-t-il eu raison ou tort de s'ouvrir à la police ? Une chose est claire. La GRC enquêtera jusqu'au 18 septembre 1964, date à laquelle rapport sera fait au ministre de la Justice du Canada de la tentative de corruption. L'analyse de Guy Favreau, à partir de « mauvais conseils » fournis par la GRC selon ce qu'en conclura le juge Dorion, sera erronée. Quand il prend connaissance des faits tels qu'on les lui rapporte, il considère qu'il n'y a pas de preuves judiciaires suffisantes pour porter quelque accusation criminelle que ce soit. Cette prise de position lui sera éventuellement fatale.

En attendant, force est de constater que la manœuvre de Rivard n'a pas fonctionné. Il passera les fêtes de 1964 en prison pendant que la Commission Dorion contribuera à hausser sa notoriété. En un mois, la personnalité publique Rivard est née. Et on n'a encore rien vu.

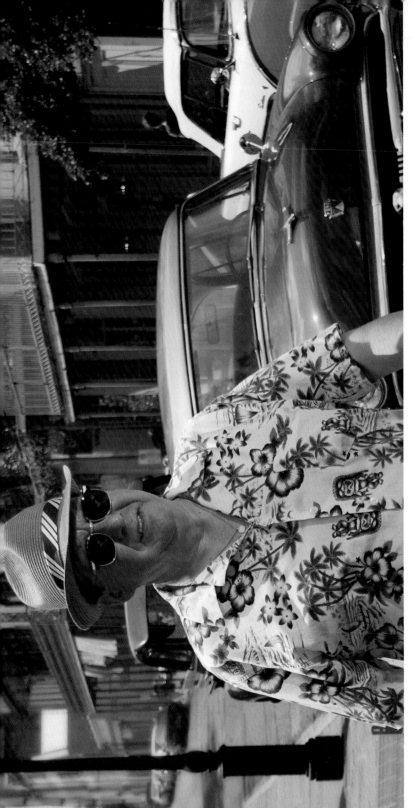

Rémy Girard, *Le piège américain*.

Fabienne Larouche, Rémy Girard, *Le piège américain*.

Chapitre 5

L'affaire Rivard
Acte II – L'évasion

Mars 1965. Les Canadiens se dirigent vers une autre coupe Stanley pendant que Mario Lemieux et Patrick Roy s'apprêtent à venir au monde. Churchill vient de mourir et, grâce à la télévision, la retransmission de ses funérailles fera le tour de la planète. Le Canada a un nouveau drapeau, et la ville de Laval verra bientôt le jour. Le premier ministre Lester B. Pearson, lui, se bat avec son gouvernement minoritaire et avec la Commission Dorion qui traîne en longueur. Il y aura une élection générale au Canada en 1965 comme en 1957, 1958, 1962 et 1963.

Pendant que l'on entend, sortant des appareils radio de la prison de Bordeaux, Donald Lautrec qui essaie de danser le ska avec une certaine Manon, Lucien Rivard et celui qui sera son compagnon, André Durocher, se préparent à faire vivre au Canada tout entier une histoire qui tient du grand guignol.

Depuis quelques mois, Rivard sait qu'il n'a plus rien à attendre des tribunaux. Les recours en

Cour d'appel de Raymond Daoust n'y changeront rien, il est toujours « en dedans ». Comme ses tentatives de corruption politique ont duré longtemps, voilà donc qu'il met à exécution la deuxième option de son plan de sortie, qu'il s'est employé à développer depuis huit mois. Objectif : évasion.

Voici ce qu'apprendront Guy Favreau, Guy Rouleau, Raymond Denis, Pierre Lamontagne, Frédéric Dorion (qui offre ce soir-là une réception à l'intention de tous les collaborateurs de la Commission, y compris les journalistes) et tous les Canadiens dans la soirée du 2 mars 1965.

Une évasion spectaculaire a eu lieu à la prison de Bordeaux. Lucien Rivard, celui-là même qui a causé un scandale à Ottawa, s'est enfui du pénitencier après le souper en compagnie d'un certain André Durocher que personne ne connaît. En fait, il s'agit d'un cambrioleur de profession qui peut se montrer très violent. Il va de sentence en sentence depuis 20 ans, mais n'a que peu de liens avec Rivard.

Après avoir demandé tout bonnement à leurs geôliers d'aller arroser la patinoire extérieure, et ce, alors qu'il fait 4 °C à l'extérieur, il semble que Rivard et son compère grimpeur (en charge de l'arrosage de la patinoire depuis le début de l'hiver) ont franchi les murs de la prison à l'aide des tuyaux d'arrosage et se sont échappés. Pour y arriver, ils ont utilisé un faux pistolet taillé dans un morceau de bois, ont menacé et ligoté des gardiens, emprunté le képi d'un de ceux-là pour se faire passer pour un autre, et se sont emparés d'une carabine qu'ils ont laissée sur le terrain extérieur de la prison. Ils ont ensuite kidnappé momentanément un homme au volant de son automobile, circulant dans une rue près de la prison, ont fait un bout de route avec lui, l'ont abandonné sur le trottoir au bout de quelques minutes en n'oubliant pas de lui remettre un billet de deux dollars pour qu'il puisse se payer un taxi. Ils ont ensuite pris la poudre d'escampette.

Moins d'une demi-heure après que les deux hommes se sont envolés, la plus importante chasse à l'homme que l'on ait connu au Canada est entreprise. La police de Montréal, la Police provinciale et la GRC sont dans le coup. Des centaines d'hommes partent à leur poursuite !

Des avis de recherche sont lancés partout au Canada et aux États-Unis. On surveille les gares, les aéroports, les routes, les postes de douane. Marie Rivard est suivie, de même que la femme de Durocher. Fait troublant, toutes deux ont rendu visite à leurs maris au début de la journée. Sont-elles dans le coup ? Rivard, en tout cas, a pris soin de vider son compte à la Caisse populaire de la prison et a remis 2000 $ à sa femme. Est-ce pour qu'elle subvienne à ses besoins en attendant qu'ils se retrouvent ?

À Ottawa, Guy Favreau donne une conférence de presse en compagnie de deux autres ministres. On rassure la population pendant qu'on s'occupe de protéger Pierre Lamontagne et le juge Dorion.

L'échevin Guy Brochu, lui, est à défendre ce soir-là le budget de la police d'Auteuil devant les citoyens, dossier dont il a la responsabilité. Tout à coup, du fond de la salle, on lui fait signe d'arrêter sa présentation. Il demande au maire Adrien

Dussault d'ajourner la séance, va s'enquérir de ce qui se passe et revient ensuite au-devant de la salle. Il annonce au maire ce qui se répand déjà comme une traînée de poudre : Rivard s'est évadé ! « Nous étions pratiquement contents pour lui », se souvient-il.

À Québec, le tout nouveau procureur général Claude Wagner ordonne une enquête immédiate à la prison dont il a, en définitive, la responsabilité. Elle aura lieu pendant la nuit, et tous les gardiens seront interrogés.

Cette histoire absolument spectaculaire fait très vite un tour de presse nord-américain. Dans l'opinion publique et chez les citoyens, on est ébahis. On rit, on s'interroge, on refait des scénarios d'évasion et des mises en scène de toutes sortes. Dans les médias, on « beurre épais ». Les traces de pas dans la neige de Rivard et son acolyte sont photographiées et filmées, le faux revolver qui a servi à leur évasion est reproduit en pleines pages dès le lendemain de l'évasion. On décortique l'histoire de seconde en seconde, on décrit la nature des cordons qui ont servi à ligoter les gardiens ainsi que le parcours exact des fuyards à partir des plans de la prison, on publie leurs « biographies ». Il n'y a pas une fournaise ou un couloir de la prison qui n'est pas considéré lorsque vient le temps de raconter comment Rivard s'est échappé.

Jacques Bourgeois, le comptable montréalais qui a « prêté » momentanément son automobile aux fuyards, devient une vedette des médias. Il est, fruit du hasard, voisin du ministre Wagner, et connaît bien ce dernier. Pour bien comprendre le caractère un peu loufoque de l'événement et encore une fois la personnalité de Rivard, voici comment le journaliste Lucien Rivard de *La Presse* (oui, vous avez bien lu !) relate l'aventure de Bourgeois dans l'édition du 3 mars 1965.

« J'ai 50 ans et je sais qu'une longue sentence m'attend, mais je ne veux pas finir mes jours en prison. » *Ce sont les propos que tenait Lucien Rivard, quelques minutes à peine après avoir réussi à s'enfuir de la prison de Bordeaux.*

Ces confidences, il les faisait à M. Jacques Bourgeois, un comptable de 37 ans, domicilié au numéro 11940 de la rue Zotique-Racicot, qui a été forcé de voyager pendant plus de 10 minutes avec Rivard et son compagnon d'évasion, André Durocher.

Très calme et tout souriant malgré l'aventure peu banale qu'il venait de vivre, M. Bourgeois a aimablement consenti à nous raconter hier soir toutes les péripéties du roman qu'il venait de vivre.

M. Bourgeois venait de quitter son domicile vers 7 h 15 pour se rendre à son bureau, 50, place Crémazie. Il n'avait franchi qu'une faible distance quand son aventure commença, à l'angle des rues Poincaré et Edmond-Valade.

« Je venais de faire mon arrêt à cette intersection, raconte M. Bourgeois, et je m'apprêtais à repartir quand j'ai entendu un individu crier : « Poigne-le ! » En moins de temps qu'il n'en faut pour le dire, deux hommes se retrouvaient de chaque côté de lui sur la banquette.

Croyant qu'il s'agissait de jeunes gens qui voulaient lui voler sa voiture, M. Bourgeois a retiré la clef de contact afin de les empêcher de s'enfuir avec son véhicule.

« À ce moment, poursuit-il, l'homme qui avait pris le volant (il s'agissait de Rivard, mais M. Bourgeois ne le sut que plus tard) me demanda de lui donner les clefs et de me tenir tranquille, précisant que son compagnon était armé. »

M. Bourgeois, cependant, n'a pas vu l'arme mentionnée par les fuyards, ce qui permet de présumer qu'ils n'en avaient peut-être pas.

Au cours du trajet, Rivard a demandé à M. Bourgeois s'il le connaissait. Sur la réponse négative de ce dernier, Rivard s'est identifié.

C'est à ce moment que M. Bourgeois interrogea Rivard sur les motifs de son évasion et reçut de celui-ci la réponse citée au début de ce texte.

En quittant l'endroit où ils sont montés dans la voiture, les fuyards descendirent jusqu'à la rue Salaberry pour ensuite se diriger vers l'ouest jusqu'au boulevard L'Acadie, qu'ils ont emprunté vers le sud jusqu'au boulevard Métropolitain.

Tout au long de ce trajet, M. Bourgeois demanda à plusieurs reprises qu'on le laisse descendre de la voiture. Mais Rivard lui répondait chaque fois de se tenir tranquille, l'assurant qu'on ne lui ferait aucun mal et qu'on le laisserait descendre, le moment venu.

En se dirigeant vers l'est sur le boulevard Crémazie, Rivard s'apprêtait à laisser descendre son passager lorsqu'il aperçut soudain une voiture de la police à proximité, ce qui le fit changer d'idée. Finalement, Rivard immobilisa la voiture *à deux ou trois intersections au-delà de la montée Saint-Michel.*

Avant de laisser descendre M. Bourgeois, Rivard lui remit un billet de 2 $ pour payer le taxi qui le conduirait à son bureau. Il lui demanda également le numéro de téléphone de son bureau, précisant qu'il allait l'appeler, plus tard dans la soirée, pour lui dire à quel endroit il pourrait récupérer son auto.

Dans la voiture abandonnée, on a retrouvé, d'après M. Bourgeois, un pantalon et une paire de bottes, ce qui indique que les fuyards ont changé de vêtements avant d'abandonner le véhicule.

Les Québécois se tapent sur les cuisses en prenant connaissance des prouesses de Rivard. À l'Assemblée législative du gouvernement du Québec, on fait des gorges chaudes. Claude Wagner raconte l'évasion dans tous ses détails, voulant probablement démontrer qu'il a la situation bien en main. Il va même jusqu'à exhiber le fameux revolver de bois enduit de cirage à chaussures en pleine assemblée. Les députés n'en reviennent pas. On s'arrache l'arme de fauteuil en fauteuil. Le premier ministre Lesage, René Lévesque, Jean-Jacques Bertrand, tous veulent tâter le fusil. Le chef de l'opposition, Daniel Johnson, y va de quelques railleries à l'endroit du gouvernement et du tout nouveau ministre de la Justice Wagner qui annonce que six gardiens de même que le directeur adjoint de la prison ont été suspendus. Un débat d'urgence a aussi lieu à la Chambre des communes canadienne, où le ministre Favreau est pris à partie.

Deux jours après l'évasion, Rivard est toujours introuvable. Les histoires les plus folles, y compris quelques vérités, dont le fait qu'il s'est déguisé en femme durant sa fuite, courent. C'est alors que le ministre Wagner révèle en chambre que le criminel a fait parvenir une lettre au directeur de la prison de Bordeaux, Albert Tanguay, pour s'excuser des problèmes qu'il lui a causé en s'évadant. N'en jetez plus, la cour est pleine !

Les lettres

Cette lettre marquante a tôt fait d'inscrire Rivard dans la mythologie québécoise. À partir de ce moment, il deviendra une sorte de héros, de matamore hâbleur. Le premier ministre du Québec Jean Lesage le qualifiera d'« Arsène Lupin canadien français ». On en fera le « petit Arsène », le bandit bon gars, le « passe-murailles » qui écrivait des lettres pour s'excuser, s'expliquer, défiant en quelque sorte l'ordre établi.

Voici le petit morceau d'anthologie manuscrit, adressé à Albert Tanguay.

Cher Monsieur,

Quelques mots pour vous dire qu'il est faux que André Durocher et moi-même ayons volé une somme de 25 $ à l'un de vos gardes. Je n'ai jamais pris un sou à un plus pauvre que moi. J'avais accumulé 460 $ durant mes 8 mois et demi de détention et mon copain Durocher en avait autant. Il nous aurait fait plaisir de leur donner 25 $ car ces pauvres diables ont un salaire de famine. Il est aussi faux que nous ayons usé de violence envers eux, leur allumant même des *cigarettes avant notre départ tout en vérifiant que leurs liens n'étaient pas trop serrés.*

Vous avez toujours été très bon pour tout le monde à Bordeaux. Nous regrettons amèrement tout le trouble que nous donnons à tout le monde. Vous ne le méritez certes pas, mais je n'y voyais pas d'autre solution. Je vois que je ne puis avoir de justice ici. Je suis innocent. Je n'ai jamais vu ou connu ce fameux Michel Caron, détenu au Texas. M. Tanguay, il n'y a jamais eu d'officiers ou de gardes qui ont de près ou de loin aidé notre évasion. C'est regrettable, mais je n'ai jamais eu confiance en aucun d'eux, car il est connu qu'ils passent leur temps à se vendre entre eux pour une meilleure position ou un meilleur salaire.

Pour résumer, ne punissez pas vos hommes par rapport à nous. Ils ont peut-être manqué par négligence, mais sûrement pas en nous aidant à nous évader. Le 12 (fusil), j'espère qu'on vous l'a remis, car nous l'avons laissé tomber dans un parterre, rue Poincarré et Valois, pour nous emparer de la voiture de M. Bourgeois, que nous n'avons pas molesté non plus. Si je suis chanceux, je serai loin lorsque vous recevrez cette lettre. Cette évasion s'est décidée soudainement vers quatre heures p.m. hier, le 2 mars, sans aucune aide de l'extérieur et de l'intérieur. Espérant que vous me croyez et que cette lettre va vous aider à éclaircir. Encore une fois, excusez-nous.

Vos tous devoué,
A. Durocher, L. Rivard

3 Mars 1965

Mons Albert Tanguay
Gouverneur
Prison de Montreal

Cher Monsieur,
quelques mots pour vous dire qu'il est
faux que A. Durocher et moi même avons volé une somme
de vingt cinq dollars ($25.00) a un de vos gardes je n'ai jamais
pris un sou a un plus pauvre que moi (j'avais accumulé $460
durant mes 8½ mois de détention et mon copain Durocher en
avait autant ils nous auraient plaisir de leur en filer $25
car ces pauvres diables ont un salaire de famine il est aussi
faux que nous ayons usé de violence envers eux car "c'est stricte-
ment contre mes principes la violence" nous avons plus tôt
été très gentil envers eux leur allumant même des cigarettes
avant notre départ "tout en verifiant que leurs liens n'étaient pas
trop serré.

Vous avez toujours été très bon pour tout le monde a Bordeaux
nous regrettons amèrement tout le trouble que nous donnons
à tout le monde, vous ne le mérite certe pas, mais je n'y
voyais pas d'autre solution; je vois que je peut avoir de justice
ici je suis innocent je n'ai jamais vu ou connu ce
fameux Michel Baron détenu au Texas.

Mons. Tanguay, il n'y ai jamais eut d'officiers ou de vos
gardes qui ont de proche ou loin aidez à notre évasion
"C'est regrettable mais je n'ai jamais eut confiance en

aucun d'eux, car c'est connu qu'ils passent leur temps à se vendre entre eux pour une meilleure position & salaire. Pour résumer ne punissez pas vos hommes par rapport à nous, ils ont peut être manqué par négligence, mais sûrement pas en nous aidant à nous évader.

Le 12 (fusil) J'espère qu'ont vous l a remis, car nous l'avons laissé tombé dans un porterre rue Poincarré et Edouard Valois - pour s'emparer de la voiture de Mr Bourgois, que lui n'ont plus n'avons moleste. —

Si je suis chanceux, je serai loin lossque vous recevrez cette lettre

Cette évasion c'est décidé soudainement vers 4 hrs P hier le "2 Mars" sans aucune aide de l'épteveur ou inter.

Espérant que vous me croyez, et que cette courté va vous aider à éclaircir ?

Encore une fois, excusez-nous.

Vos tous Dévoué

A. Durocher & L. Rivard

La fameuse lettre manuscrite qui sera rendue publique par le ministre Claude Wagner en pleine Assemblée législative du Québec.

Cette missive marque une transformation dans la personnalité de Rivard. Jusque-là, il avait surtout été un homme de l'ombre. Bien sûr, ceux qui le connaissaient le savaient drôle, fier, railleur et rebelle. La révélation de ses tentatives de corruption au gouvernement canadien en avait aussi fait une personnalité publique. Mais de là à jouer le jeu et à se mettre en scène à ce point ?

Lorsqu'on tente d'analyser le profil psychologique de Rivard, on peut affirmer, comme c'est très souvent le cas en matière de délinquance, qu'il souffre probablement d'un important déséquilibre narcissique. Malheureusement, nous savons trop peu de choses sur son enfance pour supposer d'officielles carences en matière affective.

Mais tel que l'explique la psychologue Louisiane Gauthier qui a beaucoup travaillé en délinquance, comme beaucoup d'autres criminels, Rivard est probablement imperméable au mal qu'il cause. Il y a sûrement chez lui absence de culpabilité. Il est impossible pour lui de considérer les choses à partir du bien et du mal puisqu'il aurait par définition à s'amender et à souffrir de façon insupportable. En ce sens, il cultive pour lui-même une image qui se refuse à tout équilibre réel et il s'organise pour que l'image qu'on a de lui soit telle qu'on le considère comme un bon gars, respectable et même compréhensif s'il le faut. Lorsque cela devient impossible, il peut perdre le contrôle et devient alors violent, comme dans le cas de son accrochage avec l'entrepreneur Raymond qui d'ailleurs entraînera indirectement sa chute.

Ce type de comportements a été reproduit à satiété dans des centaines de films de gangsters.

Que dire de tous ces mafiosi supposément méchants et violents alors qu'ils semblent avoir un code moral et ont l'air de si bonnes personnes ? Comment se fait-il qu'on finisse par aduler et même aimer ces bandits ? Les Corleone, ça vous rappelle quelque chose ?

Rivard : bien ou mal ?

À partir de l'évasion et des lettres qu'il rendra publiques, Rivard devient une sorte de héros. A-t-on raison de le glorifier de cette façon ? Tout au long des entrevues que j'ai menées lors de la préparation de ce livre, il m'est arrivé plusieurs fois de me faire dire que Rivard n'était au fond qu'un homme d'affaires comme bien d'autres, même au-dessus de la moyenne, et qu'il n'était coupable de rien.

« Ce n'était pas de la faute de Rivard s'il existait des *junkies*. Lui, il ne faisait que fournir la *dope*. S'ils étaient assez niaiseux pour la prendre, c'était leur affaire. Rivard n'était pas responsable de ça. En tout cas, il était pas mal moins bandit que ces voleurs et violeurs d'enfants. Eux, il faudrait les mettre en prison à perpétuité. Eux, il faudrait les pendre. »

« Lucien ne cherchait pas à faire du mal. C'était un bon gars. Peut-être que le genre de commerce qu'il faisait n'était pas toujours bien. Mais ce n'était pas son intention de faire du mal. Il était là pour faire une piastre, pour permettre aux gens d'avoir du bon temps dans les clubs, par le jeu et d'autres choses, comme bien d'autres. »

« Les terrains de golf sont pleins de gens comme Rivard. Des gens d'affaires qui sont convaincus ou qui se convainquent qu'ils ne font pas de mal. La différence est que son genre de commerce était couvert par le Code criminel.»

Voilà des exemples de ce que j'ai entendu lors de mes rencontres avec des gens qui ont connu ou analysé Rivard. Les *vox populi* captées dans la rue en 1965 au moment de son évasion sont aussi d'éloquents plaidoyers à ce sujet. Aux yeux de bien du monde, Rivard n'était pas coupable de grand-chose. On souriait presque à la caméra en entendant son nom.

Le phénomène est connu. Il étonne à peine. À certaines conditions, on peut aimer et glorifier les délinquants. On les envie en quelque sorte. Ils ont des vies trépidantes. Ils s'accomplissent, vont au bout de leurs rêves, même inacceptables. Ce n'est pas pour rien que Robin des Bois et Arsène Lupin, héros romanesques s'il en est, mais voleurs de leur état, ont connu autant de succès de librairie. Étant donné certains de leurs comportements, on oubliait vite qu'ils étaient tout de même des hors-la-loi et on s'attachait à eux facilement.

Et que dire, une fois revenu dans le monde réel, de la vénération que d'aucuns portent encore à Jacques Mesrine, tueur invétéré? Que penser des applaudissements nourris accordés à Mom Boucher il y a quelques années lors de son entrée à un match de boxe?

De la formation des héros criminels dans l'imaginaire collectif

Pour qu'on en arrive à oublier qu'ils font le «mal», il faut toutefois que ces délinquants adoptent un certain nombre de comportements types. Par exemple, que ce soit Al Capone, Mesrine ou Boucher, tous trois se comportaient selon des codes d'honneur spécifiques. Ils agissaient selon des principes sociaux et moraux qui leur étaient propres, mais qui témoignaient d'une certaine justice, comme ceux de la mafia. Ils ne volaient pas, ne profitaient pas ou ne tuaient pas pour rien. En ce sens, ils agissaient de façon intelligente et selon un certain équilibre. Ils ne pouvaient donc pas être des brutes.

Pour qu'un criminel soit adulé, il faut aussi qu'il affiche une certaine forme d'altruisme. Pensons par exemple à l'aide que fournissaient les Cotroni dans les années 1950 et 1960 aux artistes de cabarets en leur trouvant des emplois, en les tenant en dehors des activités criminelles pures, donc en les protégeant. Combien de fois a-t-on aussi entendu parler de gestes de bienfaisance communautaire de la part de membres des Hells Angels? Lucien Rivard, lorsqu'il écrivit à Albert Tanguay pour disculper les gardiens, fit étalage de cette forme de bienveillance nécessaire à la création des héros criminels.

Et puis, il faut aussi que celui qui prétend à devenir un criminel adulé soit supérieurement habile. Qu'il démontre de la créativité ou qu'il peut se jouer des autorités. C'était le cas par exemple de Monica la mitraille, de Georges Lemay et de tant d'autres comme Capone ou Bonnie et Clyde.

Lucien Rivard possédait les attributs principaux des héros criminels. Il était supérieurement habile. Il affichait une forme d'altruisme, de compassion, de sensibilité.

Il prétendait aussi à un certain code d'honneur. Il disait par exemple qu'il n'avait jamais pris une « cenne » à plus pauvre que lui.

Plus encore, contrairement à d'autres super-héros de la criminalité, Lucien Rivard n'était pas, au premier chef, un tueur, activité criminelle tout de même beaucoup plus répréhensible moralement et dans l'opinion publique. S'il a été associé à des assassinats, c'était de loin, par personnes interposées, et cela n'a jamais été prouvé.

Tout cela a contribué à en faire un criminel du type héros sympathique. Jean Lesage avait en partie vu juste lorsqu'il le qualifia d'Arsène Lupin canadien français.

Le fabricant d'image

Quand Rivard se voit soudain précipité comme jamais à l'avant-scène publique, il est possible que cet absolu besoin de « contrôler son image » afin d'éviter toute confrontation avec lui-même et son passé, prenne pour lui des proportions bouleversantes et inattendues. Rivard est plus sophistiqué que la moyenne des criminels, ses gestes le seront aussi. Les lettres qu'il écrira le serviront à plusieurs fins.

Il en écrira quatre durant sa cavale, toutes authentifiées par les autorités policières. La grammaire, la syntaxe et le vocabulaire assez châtié qu'il utilise peuvent en laisser certains songeurs. Mais une chose est sûre, la calligraphie est la sienne. Alors si elles ne sont pas de lui, il les a reproduites de sa main.

Elles transiteront toutes par sa femme Marie qui les vendra aux journaux. Le *Toronto Telegram* ira jusqu'à donner 3000 $ à Mme Rivard pour un de ces précieux biens dans lequel Lucien avoue son grand amour à sa femme.

Bonsoir, mon beau cœur,

C'est avec grand plaisir que je profite d'un moment de liberté pour t'écrire quelques mots. J'espère que tu es en bonne santé, ta famille et la mienne également.

Chérie, je suis navré de toute la mauvaise publicité que je t'ai attirée, ainsi qu'à ta mère.

Pardonne-moi, mon ange, de toute la tristesse que je te cause, mais j'ai pris ma décision après la visite de mardi.

Tu pourrais penser que j'ai perdu la tête, mais j'ai pensé que c'était la seule issue qui me restait.

C'est dommage que je n'aie pas pensé plus tôt à cette évasion, j'aurais alors eu des instructions à donner pour mon procès, et notre réunion à venir.

Ce sera pour plus tard si tu m'aimes encore.

Tout aurait été si simple, s'ils avaient commencé par m'accorder la liberté sous cautionnement. Alors, j'aurais pu prouver mon innocence.

Avec toutes les pressions de Me Lamontagne et de la gendarmerie fédérale (RCMP), il est très facile de voir que c'est une affaire drôlement montée, parce que tu sais, chérie, je suis innocent du crime dont ils m'accusent.

À les entendre, mon cœur, je suis aussi riche qu'un millionnaire.

Si vraiment j'avais tant d'argent, jamais je n'aurais travaillé 15 à 18 heures par jour, sept jours par semaine, à tous les métiers, de la plomberie à l'électricité et au terrassement.

Tu peux voir qu'ils sont une grande bande d'imbéciles. La seule chose qui m'intéressait, à part d'essayer de faire de la Plage idéale une belle entreprise, c'était ton bonheur, c'était de te rendre heureuse, de travailler assez fort pour nous assurer une vie confortable plus tard, me permettre la retraite, une vieillesse paisible et tranquille.

Tous ces beaux rêves sont finis.

C'est pour cela que je suis parti. Je vois bien que je ne pourrai jamais obtenir justice au Canada.

Je te remercie de tout le bonheur que tu m'as apporté au cours des trois ans et demi (de notre vie commune). Et je remercie Dieu de t'avoir mise sur ma route, et je lui demande pardon de toute la peine et de tous les ennuis que je te cause.

Ma chérie, je t'aime de tout mon cœur. Tu es, et tu seras toujours, mon seul et unique amour.

J'aurais tant voulu te rendre heureuse, toi qui as toujours été aussi bonne pour moi. Tu as toujours pensé à moi d'abord, tu m'as toujours aidé. Pour moi, c'était toujours un grand bonheur que de revenir à la maison. Il n'y a pas à s'y tromper, nous avons été très heureux.

Tu es ma seule raison de vivre, le seul but que j'aie dans la vie. Tout est fini maintenant avec cette enquête et tous ces ennuis.

Chérie, tu sais que la vie est ainsi faite. Le gouvernement a dépensé 50 000 $ pour trouver quoi ?

Où aurais-je bien pu trouver le 20 000 $ pour payer M. Lamontagne afin qu'il ne s'oppose pas à ma demande de cautionnement.

*C'est stupide, c'est ridicule. Mais oublions
cette folie pour l'instant.*

*Chérie, je pars demain pour ailleurs. Dans
quinze jours, je t'écrirai un mot, et si je trouve
ce que je cherche et si tu veux me rejoindre,
j'éprouverai une grande joie.*

*Je t'aime tant, mon amour. D'une certaine
façon il vaudrait mieux pour toi que tu restes
avec ta famille, puisqu'il se pourrait que tu sois
dorénavant très malheureuse avec moi, moi qui
suis obligé de courir tout le temps.*

*Je te quitte, ma chérie, mais sur papier seule-
ment, car mes pensées t'accompagnent jour et
nuit.*

*Un million de baisers de ton mari qui t'aime
follement.*

> *Adieu, peut-être, mon cœur.*
> *Je t'en supplie, pardonne-moi.*
> *Lucieno*

Marie vedette

Marie Rivard, en plus de faire commerce avec les
lettres de son mari, ira jusqu'à exiger d'être payée
pour accorder des entrevues. Pourquoi ne pas profiter de la situation ? Au cours de 1964 et de 1965,
elle deviendra elle aussi une vedette médiatique.
On l'interroge régulièrement. On lui demande
d'expliquer pourquoi son mari s'est évadé. « La
justice met trop de temps à prouver son innocence.
Le pauvre, il n'en peut plus d'attendre. Tout ça
parce qu'il a été faussement accusé par un de ses
employés aux États-Unis. »

La maison de Rivard dans le quartier Villeray à Montréal. Le lieu « officiel » de résidence de la famille Rivard dans les années 1960. Le caïd fait tout pour afficher une vie normale.

Son témoignage à la Commission Dorion fera sensation. On cherchera à l'amadouer, à la prendre en photo. Le duplex de la rue de Gaspé où vivent officiellement Lucien et Marie avec, au deuxième étage, la mère et la sœur de Rivard, sera épié régulièrement. Cet immeuble tout à fait sans artifice situé dans un quartier mi-ouvrier, mi-bourgeois, de même que le fait que Rivard s'occupe réellement du bien-être de sa sœur et de sa mère en les hébergeant chez lui, sont des aspects de la panoplie du double personnage qu'il s'est employé à créer avec tant de soin. Cet homme-là ne peut pas être un criminel, pourrait-on dire.

Marie contribue tant qu'elle le peut à la préservation de cette image. Elle recevra des journalistes chez elle. On suivra tous ses faits et gestes. On apprendra par exemple qu'elle est en partie bénéficiaire de la vente du Domaine idéal qui s'est effectuée à la fin de 1964, alors que Rivard est derrière les barreaux. (Le Domaine sera racheté quelques années plus tard par un dénommé Beaucage, sera détruit par les flammes et ne sera jamais reconstruit.)

Durant cette période, on assiste pratiquement à la construction d'une poignante histoire d'amour impossible. En bon mari, Lucien s'occupe de sa femme autant qu'il le peut étant donné sa situation. Il pense à elle, lui écrit du fond de sa cachette. Elle, de son côté, est prête à tout faire pour son amoureux en attendant de le retrouver clandestinement ou autrement et de lui tomber dans les bras.

Les lettres qui parviendront de Barcelone, de Vancouver ou d'ailleurs permettront entre autres à Rivard de brouiller les pistes de sa recherche. Il faut dire qu'une récompense de 15 000 $ est offerte à qui pourrait aider à la capture du caïd qu'on estime très dangereux. Alors, il use de ruses de toutes sortes pour échapper à ses poursuivants. L'une des lettres est particulièrement suave. Il s'agit d'une carte postale envoyée au premier ministre du Canada le 30 mars 1965 alors qu'on recherche toujours le commerçant criminel.

Honorable Lester B. Pearson,

Je quitte ce soir Windsor pour Vancouver. J'espère que le chemin est libre maintenant pour moi. Je présume avec regret que je donne beaucoup de troubles à tout le monde. La vie est courte, vous savez. Je n'ai pas l'intention de vivre en prison presque tout le reste de ma vie. Voudriez-vous offrir mes salutations à mon bon ami le député Guy Rouleau.

Sincèrement vôtre
Lucien Rivard

La fausse naïveté que présente Rivard dans cet envoi et les autres n'émeut absolument pas les corps policiers qui estiment qu'il s'agit d'insultes à leur endroit de la part de celui qui se montre sans contredit plus fin qu'eux. Ils sont des centaines à ne pas être capables de l'attraper pendant que lui se débat tout seul. Bonjour le héros !

Alors, on redouble d'ardeur pour l'épingler. En avril, petit coup de théâtre. Marie Rivard déclare qu'elle quitte la vie publique. Elle ne veut plus parler aux médias. Elle annonce qu'elle se retire dans un lieu connu d'elle seule... et de la police.

Elle continue donc d'être suivie pas à pas par la police, un point c'est tout. Une fois le calme médiatique revenu, il lui arrive d'aller prendre un café au Pavillon laurentien. Guy Brochu se souvient. « Marie arrivait avec, derrière elle, des policiers qui ne cherchaient même pas à se dissimuler. Ils s'assoyaient près d'elle. Quelquefois, ils échangeaient des taquineries. Elle les agaçait. « Finissez votre café les gars, *j'm'en vas* dans cinq minutes retrouver Lucien ! » »

En mai, toujours pas de Rivard. Le 28 de ce mois, coup de filet. On réussit à retrouver André Durocher, le complice de Rivard au moment de son évasion. Il est avec sa femme dans un appartement de la rue Christophe-Colomb. Se trouvent près de lui, au moment de sa capture, deux revolvers chargés et trois bombes artisanales qu'il n'aura toutefois pas le temps d'utiliser. Les policiers ont bien travaillé. On l'incarcère et l'interroge longuement. Il commence par dire qu'il s'est rendu en Espagne avec Rivard et ensuite en Floride près de chez Georges Lemay, un autre célèbre criminel qui a réussi un spectaculaire vol de banque de 560 000 $ dans une succursale de la Banque de la Nouvelle-Écosse en 1961 et qu'on a arrêté tout récemment à Fort Lauderdale. Le cambrioleur se prélassait à bord d'un luxueux yacht.

Durocher tente de mener les inspecteurs en bateau, mais ceux qui le taraudent n'en croient rien. Les informations sérieuses qu'ils détiennent font que Rivard ne peut être très loin. Au bout de plusieurs heures d'interrogatoire serré, il rectifie ses propos, mais met les policiers sur de nouvelles fausses pistes, un peu plus crédibles toutefois.

Pendant tout ce temps, les journaux ne cessent d'en remettre. On a vu Rivard ici, là, plus loin, en Californie, en France, au Nouveau-Brunswick, en Ontario. Une bonne partie de la confrérie mafieuse du Québec est victime de descentes ou interrogée. C'est le cas de Vic Cotroni, son frère Frank, Blackie Bisson, Gerry Turenne. On rencontre plusieurs des relations de Rivard à Laval, dont Guy Brochu, le maire d'Auteuil Adrien Dussault, Gaston Clermont et bien d'autres politiciens. On surveille le Domaine idéal, le Laval Curb Service et bien sûr Marie dans tous ses déplacements. Elle finit par entrer en relation avec ceux qui sont chargés de sa filature, à tel point qu'il lui arrive de dire sincèrement à l'avance aux policiers où elle ira afin que cela soit moins pénible pour eux. Ces derniers auront d'ailleurs l'occasion d'observer des parties plus privées de la vie de Mme Rivard, dont son mari aurait été moins fier.

De temps en temps, on fait des prises. Bill Lamy sera incarcéré à la suite d'une perquisition où on retrouvera en sa possession des documents illégaux. Eddy Lechasseur, celui-là même qui a fait partie de l'équipe qui a mené la campagne de corruption l'automne précédent, sera aussi arrêté pour possession illégale d'arme. Ce sera une occasion pour l'interroger longuement sur Rivard.

Mais à la fin de juin, au bout de centaines de pistes suivies, de près de 500 perquisitions et interrogatoires, et malgré la participation d'Interpol, le fugitif est toujours au large.

Le rapport du juge Dorion

Durant ce même mois, le juge Dorion a terminé ses travaux et remis son rapport sur les incidents de l'automne précédent. La Commission aura siégé plus de 60 jours en 6 mois et entendu une centaine de témoins, dont Lucien et Marie Rivard, Eddy Lechasseur, Bill Lamy, Pierre Lamontagne, Raymond Denis, Guy Rouleau et plusieurs autres. Un des épisodes les plus pénibles des délibérations aura été la comparution d'un Guy Favreau nerveux et défait avant jugement.

Cette commission d'enquête aura porté un dur coup à la réputation d'ensemble des politiciens. Elle aura offert en spectacle la turpitude et la sottise humaine. Une bien petite histoire qui aura pourtant fait grand bruit. Pourquoi? Depuis le temps de la mise à mort des gladiateurs dans des arènes, le peuple s'est toujours régalé de ces spectacles montés en épingle par des promoteurs de pureté soucieux d'en tirer différentes formes de profit.

Cela dit, selon ce que le juge Dorion écrit en conclusion de son rapport et qui ne fait aucun doute, Rivard jouissait de nombreux contacts dans le Parti libéral. Le rapport met directement en cause Raymond Denis qui sera traduit devant la cour criminelle et condamné à deux ans de prison. Des accusations de parjure seront aussi portées à l'endroit d'Eddy Lechasseur et de Bob Gignac, mais ils seront acquittés faute de preuve.

Le rapport blâmera la Gendarmerie royale du Canada pour son laxisme ainsi que Marie Rivard pour avoir livré, comme témoignage, un tissu de mensonges. Il causera aussi la démission finale de Guy Rouleau, sévèrement semoncé lui aussi, et des attachés politiques Guy Lord et André Letendre. Rouleau pour un, entrera dans une profonde déprime dont il ne se remettra, semble-t-il, jamais. Une autre triste conséquence de cette enquête sera certainement la surprenante démission de Guy Favreau qui, avec le recul, apparaît exagérée, en regard de ce que le juge Dorion estime qu'a été la faute du ministre de la Justice.

Dès que M. Favreau prendra connaissance des conclusions du juge lors d'un Conseil des ministres, il remettra sa démission à Lester B. Pearson. Le 30 juin, les médias feront grand état de cette décision spectaculaire du ministre de la Justice. M. Pearson tentera de calmer le jeu en réitérant toute sa confiance au député de Papineau, mais en vain.

Voici le texte exact concernant M. Favreau, extrait du rapport Dorion :

Considérant que, le 18 septembre 1964, il ne possédait pas tous les renseignements qui lui auraient permis de décider, sans crainte d'erreurs, si les dénonciations de Me Lamontagne étaient ou non bien fondées ;

considérant qu'il lui avait été impossible de prendre connaissance de tous les documents contenus au dossier qui lui avait été soumis par la Gendarmerie royale ;

considérant que ce dossier ne révélait pas tous les faits dont la connaissance lui aurait permis d'exercer judicieusement sa discrétion ;

considérant que les opinions exprimées par le commissaire et le sous-commissaire de la

Gendarmerie royale étaient de nature à créer un doute dans son esprit.

L'honorable ministre de la Justice était justifiable, à ce moment-là, de croire qu'une plainte, portée contre la ou les personnes impliquées, serait difficilement prouvée devant les tribunaux.

Considérant qu'au mois de septembre 1964, en outre de ses devoirs de ministre de la Justice, il exerçait diverses fonctions qui exigeaient une partie de son temps et de ses efforts, et qui l'empêchaient de donner, au dossier qui lui a été soumis, toute l'attention requise ; considérant qu'il n'a pas requis la Gendarmerie royale de rechercher d'autres faits de nature à compléter les renseignements qui avaient été obtenus à ce jour ; considérant qu'il était exposé à subir l'influence des relations qui existaient entre lui et les personnes mentionnées dans la dénonciation de Mᵉ Lamontagne ; considérant qu'il était appelé à rendre une décision quasi judiciaire.

L'honorable ministre de la Justice devait, avant de prendre une décision, soumettre le dossier aux conseillers juridiques de son ministère, avec instructions de compléter la recherche des faits, si nécessaire, afin d'obtenir leur avis sur la perpétration possible d'une infraction criminelle par une ou quelques-unes des personnes impliquées.

C'est sur cette base, à laquelle s'ajouta la pression publique, que Guy Favreau quitta la politique le 29 juin 1965. Y fut-il amené contre son gré ? La politique est une activité humaine ingrate, n'oublions jamais de le rappeler. Lester B. Pearson, à qui certains imputeront la responsabilité d'avoir

« sacrifié » volontairement son successeur, tentera de se disculper de ces allégations quelques années plus tard en faisant publier des extraits de son journal personnel démontrant que M. Favreau avait bel et bien erré.

On remplaça donc Guy Favreau à la Justice par Lucien Cardin, puis on le nomma au Conseil privé. Il fut ensuite nommé juge à la Cour supérieure en 1967 et mourut au cours de l'année.

Le 8 novembre 1965, les libéraux, malgré la crise à laquelle ils venaient de faire face, étaient reconduits au pouvoir. Il semble que la présence de Diefenbaker à la tête des progressistes-conservateurs y ait été pour beaucoup. Et puis trois colombes québécoises du nom de Marchand, Pelletier et Trudeau s'amenèrent tranquillement vers Ottawa. Certains prétendirent qu'en quelque sorte la démission de Guy Favreau, provoquée par l'action de Rivard, avait permis l'entrée en politique d'un autre grand, Pierre Elliott Trudeau, qui deviendra d'abord ministre de la Justice pour ensuite prendre la tête du parti. Mais ça, c'est une autre histoire…

Chapitre 6

L'AFFAIRE RIVARD
Acte III – La capture

À partir de juin 1965, l'étau se resserre lentement autour de Rivard. Les interrogatoires de Durocher et aussi de Michel Caron que les douaniers américains ont rencontré à nouveau fournissent des résultats encourageants. Par une série de déductions, on en vient à être parfaitement certains que Rivard n'a jamais quitté le Québec et a séjourné dans les Laurentides.

Au mois de juillet, la police de Montréal, la Police provinciale et la GRC décident de remettre en commun les forces qu'elles avaient dispersées depuis plus d'un mois, faute de développement. On comprend alors que, par les temps qui courent, les principaux contacts de Rivard sont des gens à peu près inconnus des policiers, il s'agit de Sébastien Boucher et d'un certain Fred Cadieux qui approvisionne régulièrement le caïd.

Le 8 juillet, la GRC décide de dédier une équipe spéciale à la surveillance de ces deux collaborateurs. Certains membres de l'équipe d'espionnage de la Gendarmerie, habitués à traquer

125

des espions russes, font partie du groupe. On donne un nom de code au regroupement : Cannon. Le 15 juillet vers 9 h du matin, une équipe de plus de 17 personnes est à pied d'œuvre. Fred Cadieux vient de se présenter chez Boucher, rue Saint-Hubert à Montréal. Une demi-heure plus tard, il en ressort. Il quitte au volant d'une Jeep bleue et se dirige vers l'ouest. Il s'arrête à différents endroits, entre autres pour se procurer de l'alcool. Il prend ensuite la route vers le pont Mercier puis vers Châteauguay sur la Rive-Sud de Montréal. Il s'arrête alors dans un centre commercial et en ressort avec les bras chargés de sacs d'épicerie. À midi, il se dirige vers Woodlands et s'arrête enfin devant un chic chalet d'été situé à moins d'un kilomètre du lac Saint-Louis. Il se dirige à l'arrière de la maison. Plus rien ne bouge. Le groupe Cannon transmet son rapport à Montréal.

À 15 h, après une réunion d'urgence de tous les corps policiers, l'analyse de la situation amène à conclure que Rivard se trouve probablement dans un petit chalet situé derrière la belle maison. Mais il vaut mieux ne pas brusquer les choses et attendre les rapports du groupe Cannon avant de tenter de le capturer. D'ici là, des photos aériennes de l'endroit seront prises. La journée se terminera de cette façon.

Le lendemain matin, Cadieux part au volant de sa Jeep, va chercher d'autres provisions et revient au chalet. Le plan des policiers est maintenant prêt. Cinquante-trois hommes sont mobilisés. Avec eux, des gaz lacrymogènes, des chiens, un avion, trois hors-bord. L'opération doit avoir lieu à 16 h 55. À 17 h pile, la GRC, la PP et la police de Montréal sont en place autour du chalet. On donne le signal du raid et, en moins de deux minutes, sans aucun accrochage, on entre dans le petit chalet et on arrête Rivard, Cadieux et Boucher qui est venu les rejoindre dans le courant de la journée. Surpris, ils n'offriront aucune résistance. Ils sont en maillot de bain et s'apprêtaient à aller se baigner !

La nouvelle connaît un retentissement inégalé dans les annales criminelles. Il n'est pas un quotidien canadien (et plusieurs américains) qui ne passe la nouvelle dans ses premières pages. Les télévisions et radios diffusent sans arrêt le déroulement de la capture. Dans la rue, les gens sont pratiquement déçus. « Ils ont trouvé Lucien. »

Les dénommés Cadieux et Boucher qui ont été arrêtés avec lui n'intéressent personne. Ils seront accusés et emprisonnés pour complicité après le fait. Quant à Durocher, l'arroseur de patinoire qui a été repris, il connaîtra une triste fin. Après qu'on eut découvert qu'il avait commis deux meurtres alors qu'il était en cavale, mais séparé de Rivard, il mettra fin à ses jours après avoir indiqué où il a enterré les cadavres.

Peu importent tous ces bandits, on n'en a que pour Rivard. On a fini par attraper celui qui a tant diverti le peuple. Le héros des « gens ordinaires », celui qui a défié l'autorité. Le petit homme aimant, rusé, drôle qui les a fait rêver d'aventure.

Pendant 136 jours, Lucien Rivard aura capté l'attention du Canada tout entier. Pendant 136 jours, le *Montréal-Matin* aura mis à sa une quotidiennement le décompte des jours de liberté de l'« Arsène Lupin du Québec ». À la fin de l'année 1965, Rivard sera nommé par la Presse canadienne «la personnalité médiatique de l'année» (*Newsmaker of the year*). On l'estimera être le seul Canadien français à se classer parmi les cinq criminels «en vue» au cours du dernier demi-siècle au Canada.

Il aura été plus populaire que les premiers ministres ou les vedettes du monde du spectacle. On aura même écrit une chanson décrivant ses exploits, *The Gallic Pimpernel*, où l'on vante ses exploits de fugitif. Pendant tout ce temps, il n'aura jamais été plus loin qu'à une heure de route de la prison de Bordeaux.

Dès le lendemain de son évasion, il résida pendant un mois et demi dans un chalet de Piedmont dans les Laurentides en compagnie d'André Durocher. Il se déplaça ensuite d'une vingtaine de kilomètres à Saint-Hippolyte et s'installa confortablement, cette fois sans Durocher, allant même jusqu'à organiser de petites fêtes avec des amis fiables, bien sûr. Rivard atteint ses 50 ans durant cette période. Vint ensuite le chalet de Woodlands qu'il habita plusieurs semaines.

Pendant tout ce temps dans la rue, on a souri à la pensée de celui qui se déjouait de tous les systèmes. «Rivard? *C't'un* bon gars! «Rivard? Y a *ben* fait», aura-t-on entendu maintes fois dans les commentaires.

Après la fouille du chalet de Woodlands, Rivard, qu'on a retrouvé en possession de 16 000 $ de provenance douteuse, mais qu'il pourra tout de même remettre à sa femme, a été emprisonné à Montréal. Il s'agit de son huitième passage derrière les barreaux . Cette fois, le magicien de l'échappatoire ne réussira pas à s'en sortir.

Rivard au moment de son arrestation en juillet 1965. L'attitude est toujours aussi désinvolte.

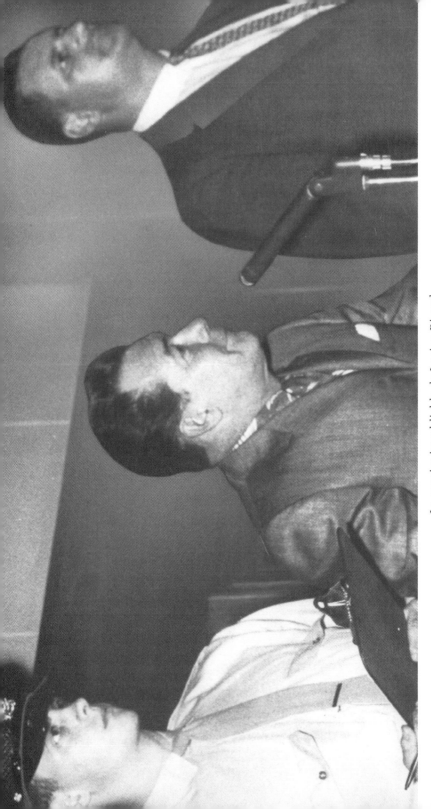

Le sourire inoubliable de Lucien Rivard

En soirée, Marie, accourue à la rencontre de son bien-aimé emprisonné rue McGill dans les cellules de la Police provinciale, n'a pas eu la permission de le voir. À son arrivée à la prison, elle a été accueillie, éplorée, par une meute de journalistes. Finalement, 24 heures plus tard, Mme Rivard pourra voir son époux, accompagnée par Léo-René Maranda, maintenant l'avocat principal de Rivard. Raymond Daoust n'est plus vraiment dans le décor. A-t-il été congédié? Il faut dire que celui qui a souvent représenté le caïd est réputé ne pas aimer la défaite et se vante de n'avoir perdu que trois causes depuis le début de sa carrière.

«Comment ça va, mon pitou?», demandera Rivard de sa cellule, en voyant apparaître sa femme. «Qu'est-ce que tu fais derrière les barreaux?», ajoutera-t-il, affichant, même dans ces circonstances, cette désinvolture dont il s'est rendu célèbre.

Des représentants du Service des enquêtes de la douane américaine arriveront dans la métropole le même soir. Rivard comparaîtra dès le lendemain matin devant la Cour des sessions de la paix. Le procureur du ministère provincial de la Justice déclarera pour sa part qu'il consent à retirer toutes les accusations retenues contre le fugitif, afin que l'ordre d'extradition soit exécuté le plus rapidement possible. Les Américains en ont assez.

Les partis d'opposition à Ottawa tenteront quant à eux de retenir Rivard au Canada le plus longtemps possible. On voudrait rouvrir l'enquête Dorion qui s'est terminée il y a moins d'un mois et faire parler le caïd pour en apprendre encore plus sur les dessous du scandale. Le gouvernement Pearson serait-il lié à la mafia internationale ? On pense aussi que Rivard devrait être interrogé dans le cadre du procès de Raymond Denis, l'ex-membre de cabinet de Guy Favreau. On souhaiterait aussi qu'il aide à faire la lumière sur ce qui s'est passé le 2 mars 1965 à Bordeaux. Ce ne sera pas le cas.

Maintenant libre devant la justice canadienne, le prisonnier est remis entre les mains de la GRC jusqu'à ce que le nouveau ministre fédéral de la Justice, Me Lucien Cardin, ait autorisé l'extradition. Représentant toujours le gouvernement américain, Me Pierre Lamontagne, qui a dû avoir chaud pendant 136 jours, assiste à la comparution et à la fin de son calvaire.

Pendant les cinq jours qui suivent, Rivard est longuement interrogé par les agents fédéraux et provinciaux. Il ne parlera pas. Le 20 juillet, le numéro un de la drogue au Canada est escorté à l'aéroport de Dorval. Pris en charge par les agents de la douane américaine à Plattsburgh, il arrive le lendemain midi à Houston où l'attendent déjà ses complices Charles-Émile Groleau, Raymond Jones et Julien Gagnon, extradés quant à eux depuis mai.

Au même moment, Marie est arrêtée. On veut la faire témoigner au procès de Raymond Denis, qui s'ouvrira bientôt, et on a peur qu'elle parte, elle aussi, pour les États-Unis. Elle sera libérée moyennant une caution de 5000 $ et témoignera au procès.

Au Texas, le procès de Rivard et de ses acolytes débute le 13 septembre. Il dure sept jours. Après avoir délibéré seulement 3 heures, les 12 jurés rendent leur verdict : coupable. Les sentences sont prononcées le 12 novembre suivant. Lucien Rivard est condamné à 20 ans d'emprisonnement et à une amende de 20 000 $ pour avoir introduit illégalement aux États-Unis 76 livres d'héroïne pure d'une valeur de 75 millions de dollars. Julien Gagnon et Raymond Jones, ses courriers, se voient infliger des peines de 15 ans de réclusion et des amendes de 5000 $; Charles-Émile Groleau, l'intermédiaire, récolte 12 ans de pénitencier et une amende de 5000 $.

La fin de la *French connection*

Déjà, l'arrestation de Rivard en 1964 avait passablement désorganisé la *French connection* mise en place 10 ans plus tôt. Son emprisonnement pour 20 ans aux États-Unis, 18 mois après, portera un coup fatal au réseau.

Mais la véritable dernière scène de la carrière de Rivard à titre de commerçant criminel se joue sans lui, un an et demi plus tard, le 9 janvier 1967, au moment où les enquêteurs de l'Office central des stupéfiants arrêtent à Paris Paul Mondolini, le plus grand des trafiquants français.

Au moment où on l'épingle à l'aéroport d'Orly, Mondolini arrive encore une fois de marseille. On le recherchait depuis l'arrestation de Michel Caron. Il était accusé d'avoir fait entrer aux États-Unis, au cours des 5 années précédentes, 10 tonnes d'héroïne, le tout évalué sur le marché de la rue à 9 milliards de dollars. La *French connection* est bel et bien morte. Après sa sortie de prison, Mondolini mourra assassiné en 1985.

Avec les années, le nom de Rivard s'estompera peu à peu du grand cahier de la criminalité canadienne. Mais une trace indélébile demeurera.

On se souviendra de lui, entre autres, comme celui qui s'est enfui de Bordeaux en escaladant les murs avec des tuyaux d'arrosage. Cette puissante image s'imprégnera dans la mémoire collective. Et pourtant...

Chapitre 7

LA RETRAITE

Lucien Rivard passera les premières années de sa détention au pénitencier d'Atlanta en Georgie, institution carcérale réputée très dure étant donné les tensions raciales qui sévissent à l'intérieur. Plus riche et toujours plus intelligent que d'autres, on raconte que Rivard, même s'il sait toujours se défendre, paiera un détenu du type armoire à glace pour l'accompagner continuellement dans ses déplacements à l'intérieur des murs et assurer ainsi sa protection personnelle. Il a décidé d'agir ainsi après avoir eu à donner, dès ses premiers jours de détention, une raclée à un de ses partenaires de cellule. Cette altercation lui vaudra 15 jours de cachot.

En juin 1968, l'hebdomadaire *Allô Police*, qui fait toujours autorité au Québec en matière de couverture journalistique criminelle, présente en exclusivité une entrevue avec un dénommé Jean-Jacques Rochon qui a partagé la cellule de Rivard à Atlanta. Rochon a été reconnu coupable d'un vol à Miami et s'est retrouvé emprisonné avec le caïd.

On y apprend que Rivard, outre son incartade du début, est un prisonnier modèle. Il a été nommé responsable de la cantine. Il fait du sport, gagne des tournois de tennis et s'entraîne plusieurs heures par semaine. Il reçoit *La Presse* et *Allô Police* aussi souvent qu'il le peut, va à la bibliothèque, écoute la télévision, etc. Il jouit également d'un certain statut de vedette comme une centaine d'autres gros caïds emprisonné avec lui. Sa table à la cantine est très recherchée.

Il a aussi une mention sur son uniforme qui fait de lui quelqu'un de plus impressionnant que d'autres. On peut y lire : « *escape risk* ». Est-ce pour éviter qu'il imagine des plans d'évasion qu'il est muté à Lewisburgh en Pennsylvanie en 1967 ? Nul ne le sait. Il continue de bien se conduire dans ses nouveaux quartiers où, semble-t-il, il se liera d'amitié avec Jimmy Hoffa, une autre célébrité criminelle nouvellement emprisonnée. Hoffa, syndicaliste affilié à la mafia, président des puissants Teamsters, le syndicat des camionneurs américains, a été une des cibles préférées de Robert Kennedy dans sa lutte contre la corruption.

Rivard se fait donc des relations et participe à la vie de prison du mieux qu'il peut. Sa belle tenue lui vaudra une remise de peine de cinq ans.

Et puis, l'homme public ne perd pas ses bonnes habitudes. En 1973, il adresse une lettre ouverte à *Allô Police*, évidemment publiée par l'hebdo, pour corriger un commentaire écrit d'une lectrice participante à un courrier du journal, qui l'a associé injustement à la traite des Blanches. Cette lettre n'aura toutefois pas l'impact de celles de 1965.

Et puis, à peu près au même moment, il devient admissible à une libération conditionnelle. En décembre 1974, certains articles de journaux québécois font état de la libération imminente de l'arroseur de Bordeaux.

Une exclusivité signée Auger

Le vendredi 17 janvier 1975, le journaliste Michel Auger est à New York. Avec plusieurs autres confrères de Montréal, il suit le procès de Frank Cotroni. À 11 heures, le juge annonce un ajournement de fin de semaine. La plupart des reporters conviennent alors de rentrer à Montréal par le premier avion, heureux de passer une plus longue fin de semaine à la maison. Comme il s'agit pour la plupart de journalistes spécialisés en affaires criminelles, tout le monde sait qu'une information circule depuis quelques jours selon laquelle Lucien Rivard a été libéré après moins de 10 ans d'une peine initiale de 20 ans et qu'il rentre à Montréal peut-être même avec eux, ce jour-là. Et si quelqu'un pouvait tomber dessus…

Auger préférerait être le seul à qui ça arrive. Il ne fait ni un ni deux et procède à ce qui s'avère un petit coup de génie. Aussitôt à l'aéroport, il s'achète un billet en première classe. Il se dit qu'il a ainsi plus de possibilités de croiser Rivard s'il se trouve sur le même avion que lui. Il s'installe donc sur son siège.

Il a eu raison. Peu avant le départ de l'appareil, alors que tout le monde est entré et assis derrière le rideau qui sépare l'élite de la plèbe, Rivard pénètre dans l'avion, accompagné d'un agent américain chargé de le conduire jusqu'à Montréal. L'homme a 60 ans, il a vieilli, mais il affiche toujours son sourire narquois. Fidèle à ses habitudes d'antan, il est bien mis, porte cravate et veston à carreaux, et a toujours les cheveux en brosse. Aussitôt l'avion décollé et les consignes de sécurité levées, Auger se rend à la salle de bains, en ressort au plus vite et va s'asseoir près de l'ex-caïd avant qu'on l'intercepte. « Bonjour, dit-il, je m'appelle Michel Auger et je suis journaliste. Avez-vous quelqu'un pour vous conduire une fois arrivé ? » Au bout de quelques secondes, on ordonne à Auger d'aller s'asseoir à sa place pendant que Rivard rit de bon cœur de la situation.

Ce jour-là, à Dorval, Rivard fut accueilli par une meute de journalistes. Il dut jouer des coudes pour quitter l'aéroport, Auger se tenant près de lui. Il répondit à quelques questions sur ses intentions futures.

Le nouvel homme libre a accepté le *lift*, et c'est ainsi qu'Auger a profité d'un des meilleurs coups de sa carrière. Il eut la chance d'accompagner personnellement Rivard jusqu'à sa résidence connue de la rue de Gaspé, allant même jusqu'à porter l'unique mallette servant de bagage à l'homme maintenant libre.

Pendant leur bref voyage, les hommes ne parlèrent à peu près que de la pluie et du beau temps. Rivard s'avéra poli, mais fut plutôt réservé. Cela dit, il affirma que comme il n'était pas riche, il allait devoir se remettre au travail et peut-être dans les relations publiques ! Et puis il avoua avoir hâte de retrouver sa chère Marie et de profiter un peu de la vie.

« Aussitôt descendu de voiture, se souvient Auger, Rivard a pris un taxi en direction de Laval.

Il s'en allait rejoindre sa femme. Cette adresse-là était privée.» Contrairement à ce qu'il avait dit à Auger dans la voiture, Rivard, à Dorval, avait affirmé aux journalistes : «Je ne suis ici que pour quelques jours. Votre ville ne m'intéresse plus.» Il s'était aussi employé à défaire certaines rumeurs l'envoyant ouvrir des casinos en Espagne ou à Haïti. Ce fut sa dernière apparition publique. On n'entendit plus jamais parler de lui... ou presque.

Une nouvelle vie

Rivard rentra chez lui dans un monde qui avait bien changé. Les communistes avaient gagné la guerre du Vietnam. Un dénommé Bourassa gouvernait le Québec pendant que le séducteur Trudeau régnait sur Ottawa. Il y avait maintenant une Journée des femmes et un aéroport à Mirabel. Une enquête avait eu lieu sur les agissements criminels dans le domaine de la construction au Québec, et il y aurait bientôt une commission d'enquête sur le crime organisé, la CECO. Rivard n'y sera jamais interrogé.

Petit à petit, l'homme maintenant libre se rendit compte que le travail incessant des corps policiers liés aux narcotiques avait donné des résultats, du moins pour un temps. Tous ses réseaux ou presque avaient été démantelés. Selon la brigade des stupéfiants de la GRC, il ne reprit jamais ses activités de trafiquant même si certaines rumeurs ont couru à l'effet qu'il avait tenté sans succès de recréer la *French connection.*

Certains de ses amis de toujours continuèrent d'être actifs durant sa détention. Ce fut le cas de

Blackie Bisson, Bob Tremblay et Bill Lamy. Mais une querelle entre Bisson et Tremblay ainsi que la mort de Bill Lamy (cancer du foie à la suite d'un alcoolisme) défirent ce qui aurait peut-être pu ressembler à un nouveau potentiel de développement pour Rivard.

Durant les années 1980, Marie et Lucien Rivard passèrent une bonne partie de ce qui constitua leur retraite à Freeport aux Bahamas. Cet endroit devait être plus facilement accessible à Rivard qui devait être limité dans ses déplacements internationaux, en raison de son lourd casier judiciaire.

Les Bahamas sont réputés d'accès facile, être des paradis fiscaux et de blanchiment d'argent, et le lieu de rendez-vous de stars. (Sean Connery, Nicolas Cage et Tiger Woods y ont des résidences.) Le pays est aussi reconnu pour sa conduite laxiste et son gangstérisme. Dans les années 1970, on sait que Bill Lamy y fit « des affaires » avec les Corses.

Le couple se lia d'amitié avec de nombreux Québécois, très présents dans l'île, notamment ceux qui résidaient eux aussi dans les condominiums du Jansel Court. On se souvient de Marie et Lucien comme des gens adorables.

« Nous savions à peu près qui était Lucien, se rappelle Michelle Miller, voisine du couple à Freeport. Mais, pour nous, c'était un homme d'affaires à la retraite. C'était un gars charmant, un bon danseur, et sa femme Marie était un boute-en-train. Nous avions beaucoup de plaisir avec eux. Lucien avait quelque chose d'impressionnant malgré tout. Un peu vedette sans trop le démontrer. Je me souviens qu'un soir, au début de nos fréquentations, j'étais à la piscine et, je ne sais pas pourquoi, mais je ne l'ai pas reconnu tout de suite. J'ai vu à son regard qu'il n'avait pas aimé ça. «Il lui arrivait souvent de recevoir, en grande pompe dans son condo, des gens venus d'ailleurs et qu'on ne connaissait pas. Il était différent de nous sans l'être vraiment. Finalement, s'il faisait des choses pas correctes, ce n'était pas de nos affaires. Il avait purgé sa peine, alors un point c'est tout.» Les sommes d'argent accumulées par Rivard durant sa vie active ne furent jamais saisies. On a à maintes reprises prétendu qu'une partie de sa fortune avait été déposée dans des comptes de banque en Suisse. Mais l'ampleur de ses avoirs demeura toujours un mystère. Était-il riche? Difficile à dire, mais, à partir de 1975, le couple sans enfant put entre autres profiter d'une vie de loisirs et de voyages dont un, payé paraît-il par son ami de toujours, Bob Tremblay. Entre les îles du sud et l'île Patton, à Laval, où ils eurent un condo, les Rivard coulèrent ce qui semble être des jours heureux, à l'abri de toute vie publique.

Au moment de la rédaction de ce livre, Mme Rivard était toujours vivante. M. Rivard, lui, est décédé à Laval de cause naturelle en 2002, à l'âge de 86 ans, après en avoir passé 15 derrière les barreaux.

Moins de mal que d'autres?

Arrivés à la fin de ce trépidant parcours, quel bilan peut-on faire de l'aventure unique de Lucien Rivard?

D'abord, rappelons qu'il a clamé son innocence tout au long de sa carrière et de sa vie alors que certains, quand ils sont pris, en viennent à vider leur sac et même à se repentir en devenant des citoyens modèles, cherchant à corriger tout le mal qu'ils ont fait. Dans l'entrevue qu'accordait à *Allô Police*, le confrère de cellule de Rivard aux États-Unis, Jean-Jacques Rochon, racontait que Rivard avait reconnu du bout des lèvres devant lui qu'il avait fait le trafic de drogue, mais que pour lui il ne s'agissait que d'activités d'import-export comme tant d'autres.

Jamais, donc, Rivard n'admit officiellement qu'il avait commis les crimes pour lesquels il a été condamné. C'est en tout cas ce que soutient Gilles Poissant. «Lorsque tout fut terminé, juste un peu avant que Rivard soit extradé vers les États-Unis, je me souviens que nous avons eu une petite heure ensemble, seul à seul. Nous nous sommes parlé assez ouvertement. Après tout, nous nous étions fréquentés pendant 10 ans au moins. Malgré le fait qu'il se savait condamné, il n'a jamais admis quoi que ce soit. Même pas donné des détails. Tout au plus, il s'avouait nostalgique de sa vie à Cuba : "N'eût été de Castro, disait-il, je serais devenu riche."»

Évidemment, lorsqu'on imagine Rivard faire son autoévaluation, on peut considérer qu'il souffrait comme plusieurs autres délinquants de ce déséquilibre qui élimine tout remords et les empêchent de se regarder, comme ces bandits de la fraude qui flouent pendant des années de petits détenteurs d'actions et qui, une fois pris la main dans le sac et bel et bien jugés, continuent de dire que c'était pour le bien et l'intérêt des actionnaires, qu'ils ne pouvaient pas comprendre, etc.

Et si Rivard n'avait pas complètement eu tort ? Et si, justement, au chapitre de la hiérarchie des crimes, les siens avaient été moins graves que d'autres?

De nos jours, en Occident et dans le monde judéo-chrétien, le gangstérisme, le trafic de drogue et la fraude figurent sur la longue liste des crimes, au nombre de ceux qui comptent parmi les moins punis et parmi ceux pour lesquels les libérations conditionnelles sont les plus rapides. Au Canada, dans certains cas, les condamnés ont accès à une libération au sixième de leur peine. Le fait de considérer ces crimes comme moins graves aurait-il aussi permis à Lucien Rivard de se rendre plus sympathique?

Tout au long de ce livre, j'ai qualifié Lucien Rivard de commerçant criminel avec cette arrière-pensée selon laquelle nos codes moraux et sociaux ont fait de lui un bandit moins « mauvais » que d'autres. Était-ce vrai? En tout cas, avec Rivard, nous avons assisté à la construction à peu près parfaite du héros criminel tel que la société le définit encore aujourd'hui.

Une autre interprétation de ce bilan revient peut-être à Gilles Poissant de la GRC, « l'expert » de Rivard, à qui j'ai demandé si, lui aussi, il considérait que Rivard était une sorte de héros commerçant criminel.

« Rivard ne pouvait ignorer ce qu'il faisait et le mal qu'il causait. Quand on a vu, comme il l'a vu, les ravages que peut causer l'héroïne non seulement sur ceux qui en prennent, mais aussi sur des dizaines d'individus autour d'eux, on ne peut faire autrement que penser qu'il était vraiment un criminel. Pour moi, il n'avait rien d'un héros ».

Les journalistes encore actifs Michel Auger et André Cédilot, de même que Jean-Pierre Charbonneau, qui a écrit ce qui encore aujourd'hui représente le plus important ouvrage qui ait été publié sur les affaires criminelles au Québec, sont tous des spécialistes des affaires criminelles et sont à même de juger de l'importance de la «carrière» de Lucien Rivard. Tous s'entendent sur ce qui peut constituer un portrait final de l'homme, et j'y ajoute mon humble voix.

Lucien Rivard fut un rouage très important du trafic de drogue en Amérique pendant les années 1950 et 1960, particulièrement grâce à la *French connection*. Ce fut avant tout un débrouillard, un homme de réseaux, plus intelligent que la moyenne, moins violent que beaucoup d'autres. Les circonstances plus que lui-même en ont fait un héros. Il aurait probablement préféré qu'on ne parle jamais de lui. Mais il est clair, même à son corps défendant, qu'il fut probablement, jusqu'à nos jours, le plus célèbre criminel francophone du Québec.

Chapitre 8

LE DERNIER TOUR DE MAGIE DU « GRAND RIVARD »

Le 19 février 2002, peu après la mort de Lucien Rivard, le journaliste de *La Presse* spécialisé en affaires criminelles, André Cédilot, révèle que le directeur de la prison de Bordeaux de l'époque, Albert Tanguay, avait été mis au courant des intentions de Rivard 3 mois avant le jour fatidique du 2 mars 1965. Plus encore, Cédilot nous apprend que Lucien Rivard s'est évadé non pas en escaladant les murs, mais tout simplement en sortant par la porte de la prison, dont il avait les clés. Léopold Lizotte, journaliste à la retraite, nous dévoile 37 ans plus tard ce que Tanguay a su. Le journaliste de *La Presse*, alors en grève, occupait un emploi d'appoint au cabinet du ministre de la Justice du Québec de l'époque, Claude Wagner. Un jour de décembre 1964, alors qu'il est au bureau du ministre à Montréal, il reçoit un coup de téléphone. Une voix inconnue lui dit : « Rivard va s'évader. Je le sais. Les gars sont déjà payés. *Watchez* ça. »

Lizotte ne fait ni une ni deux et informe ses patrons de cet étrange coup de téléphone. On lui dit prestement d'appeler directement le directeur Tanguay. Le journaliste en grève s'exécute et reste estomaqué quand le directeur de la prison ne prend absolument pas l'information au sérieux. Est-il dans le coup et veut-il se couvrir de même que Rivard en ridiculisant l'affaire? Est-il tout simplement naïf et déconnecté de ce qui se passe «en dedans»? Toujours sous la plume de Cédilot, on apprend que Rivard est sorti de Bordeaux par la grande porte. Un ex-policier de la Sûreté municipale de Montréal-Nord, Gilbert Dorion a fait partie de ceux qui à l'époque ont retrouvé une voiture qui a servi à l'évasion de Rivard. Sous le siège du conducteur, il y avait un trousseau de clés. «Il y en avait six ou sept, affirme M. Dorion. Elles ont été identifiées par notre patron qui avait travaillé à Bordeaux. Les plus grosses, en bronze, servaient à ouvrir les cellules, et les autres, des portes comme on en trouve dans les prisons et les entrepôts. C'était facile à voir que ce n'étaient pas des clés de maison.»

Le policier se souvient d'avoir remis le trousseau à la Police provinciale et de ne plus jamais avoir entendu parler de rien.

M. Dorion n'a jamais cru que Rivard et Durocher aient pu escalader les murs de Bordeaux avec des tuyaux d'arrosage. «C'est illogique. D'abord, il aurait fallu que les tuyaux soient bien accrochés à la paroi pour soutenir le poids des détenus. D'un autre côté, connaissant Rivard, je ne l'ai jamais cru capable d'un tel exploit. Il n'a sans doute jamais sauté une clôture de sa vie», rappelle le policier qui a connu le criminel lors de rondes de surveillance, du temps de la Plage idéale. « Ce sont des histoires pour endormir le monde », conclut le policier à la retraite.

Que s'est-il passé au juste ?

Des histoires pour endormir le monde… De fait, au moment de l'évasion, certains médias comme *Allô Police*, *Le Petit Journal* et d'autres affirmaient déjà que le projet d'évasion de Rivard était connu des autorités de la prison.

Certains ex-détenus s'en étaient ouverts aux journaux. On raconte que, dans les jours qui précédèrent l'évasion, Rivard exhibait presque sa fausse arme en bois. Un prisonnier menuisier, « Pingouin Patenaude », aurait confectionné l'arme contre rémunération. Le plan, on peut en être convaincus maintenant, était connu de l'intérieur.

Pourquoi alors cette version des faits n'a-t-elle pas été retenue et étudiée à l'époque ? Pourquoi s'est-on organisé pour que l'on croie aux prouesses de Rivard plutôt qu'à un classique exercice de collusion et de corruption ?

Bien sûr, parce qu'il fallait protéger à court terme les autorités carcérales et le système de justice. Laisser entrevoir qu'il y avait eu laxisme à la prison de Bordeaux aurait pu entraîner une crise majeure de tout l'appareil judiciaire et pénitentiaire. Une autre crise politique, après celle qu'avait provoquée Rivard à Ottawa, aurait pu s'ensuivre au Québec. Mieux valait créer le personnage de l'Arsène Lupin du Québec. La prison de Bordeaux en prendrait pour son rhume pendant un certain temps, mais au moins on éviterait le pire.

Pourtant, dans les semaines qui suivent l'évasion le député de l'Union nationale Paul Dozois, soutenu par son chef Daniel Johnson, tente par tous les moyens de déclencher une enquête publique. Le nouveau procureur général, Claude Wagner, s'y refuse. Voici ce qu'en dit Claude Ryan dans un éditorial du *Devoir* daté du 13 mars 1965.

Étant donné l'importance extraordinaire de l'affaire, on aurait pensé que le premier ministre et le procureur général auraient tout fait pour assurer une enquête impartiale. M. Wagner quelles que soient ses qualités personnelles demeure le premier agent exécutif de la marche de la justice au Québec. Selon notre théorie de gouvernement, c'est lui, en tant que responsable de tous les actes de son gouvernement, qui a laissé s'envoler Rivard. Pouvait-il dans un cas aussi exceptionnel être l'enquêteur impartial et idéal qu'exigeait l'opinion ? Nul de nous ne le fera croire.

Claude Ryan avait raison de s'interroger. Développer un scénario crédible d'évasion avec des tuyaux d'arrosage et un pistolet en bois tenait tout de même de la haute voltige. Mais malgré toute l'insistance d'une certaine opinion, jamais on ne sut si Lucien Rivard avait bénéficié de l'aide de responsables de la prison. L'affaire fut enterrée.

La reconstitution

Imaginons maintenant comment les choses ont pu se dérouler en admettant que les événements ne se soient pas produits selon la version officielle.

Nous sommes en septembre 1964. Rivard, quand il voit que ses magouilles politiques dans le but d'éviter l'extradition et d'obtenir une libération conditionnelle échouent, décide de s'échapper. Dès lors, il conçoit son plan. Il faut qu'il crée de toutes pièces un scénario qu'il aura à présenter à tous ceux dont il aura besoin pour le réaliser. Comme il se rend compte qu'il a absolument besoin de l'aide des gardiens pour arriver à sortir de là, il faudra non seulement qu'il en soudoie plusieurs, mais aussi qu'il leur fournisse une couverture à toute épreuve. Devra-t-il aller jusqu'à s'assurer la participation active de l'administration du pénitencier? Difficile à dire. On peut penser qu'il s'organisa pour qu'on ferme les yeux. Obtiendra-t-il de ses contacts à l'extérieur qu'ils interviennent auprès d'Albert Tanguay pour qu'il laisse faire? La courte enquête que mènera le ministère de la Justice après l'évasion ne permettra jamais de le savoir.

Alors, de septembre à mars, Rivard graisse la patte aux gardiens à l'aide d'argent qu'on lui fournit probablement de l'extérieur au vu et au su de tous. Il peaufine son plan, s'adjoint les services de Durocher. Il explique à tous ceux qui sont dans le coup comment ça va se passer et ce à quoi ils auront droit. Le jour de l'évasion, tout le monde joue son rôle. On lui remet les clés. Durocher et lui demandent probablement les tuyaux devant témoins. Ils sont ensuite escortés jusqu'à la chaufferie comme cela a été décrit. Mais les gardiens qu'ils rencontrent à partir de là jouent probablement le jeu. Ils se laissent ligoter. (Ils réussiront à se défaire de leurs liens en à peine cinq minutes une fois que Rivard et Durocher auront déguerpi.) Rivard emprunte alors une carabine à l'un d'entre eux, question de démontrer qu'il a utilisé une certaine forme de répression, dispose peut-être une échelle et un tuyau sur des murs, mais n'en escalade pas et ne moleste aucune sentinelle. Une fois sorti, il (ou quelqu'un d'autre) fait quelques pas dans la neige, tout près des murs, pour démontrer qu'il les a franchis, laisse par terre l'arme qu'il a subtilisée et prend la poudre d'escampette avec Durocher. La suite de l'histoire est réelle.

Voilà peut-être comment les choses ont pu se passer maintenant que l'on sait que Rivard est sorti par la porte.

Mais les détails de l'évasion tels qu'on les formule ce soir-là sont bel et bien ceux fournis par la prison et composent l'histoire officielle que l'on connaît. Le lendemain à l'Assemblée législative de Québec, Claude Wagner annonce que les deux lascars ont sauté des murs avec des tuyaux. Il faut donc que plusieurs personnes aient connu leur rôle et l'histoire sur le bout de leurs doigts et l'aient racontée de façon suffisamment crédible pour en convaincre les autorités de la Police provinciale et de la GRC qui enquêtent sur les circonstances de l'évasion.

À moins que, une fois l'histoire racontée pour la presse par l'administration et répétée par les politiciens, les gardiens impliqués (qui seront interrogés toute la nuit) se soient livrés totalement à la police et qu'on ait décidé pour les raisons évoquées plus haut de s'en tenir à la version officielle des tuyaux.

Mais alors, puisque, dès les jours qui suivent, on apprend dans certains médias que l'administration et toute la prison étaient possiblement au courant du projet de Rivard, pourquoi l'histoire rocambolesque qui compose la version officielle continue-t-elle de tenir la route?

Ces révélations de possible collusion ne laissent-elles pas sous-entendre que Rivard aurait pu avoir organisé son affaire avec le concours de Bordeaux? Pourquoi cette piste n'a-t-elle pas été explorée?

Les médias étaient-ils dans le coup? S'agit-il d'un camouflage digne du temps du contrôle des médias par Maurice Duplessis? Cela apparaît pratiquement impossible étant donné le nombre de journalistes et d'organes de presse en cause et l'assainissement des pratiques journalistiques qui avait commencé à la fin des années 1950.

L'histoire était tout simplement trop belle

Il y a fort à parier que c'est tout simplement parce que l'histoire racontée était trop belle et trop riche qu'elle a survécu et prédominé pendant plus de 35 ans. Et puis, dès qu'on commença à la raconter, Rivard s'est employé rapidement à l'alimenter par ses lettres et ses comportements. Au fond la version «patinoire» faisait l'affaire d'un peu tout le monde. Celle des politiciens et des autorités policières qui n'avaient pas à composer avec des révélations à propos d'une gestion déficiente et des gardiens probablement corrompus, et celle des médias qui étaient alimentés sans trop de mal au jour le jour de détails savoureux qui ravissaient les consommateurs de leurs produits.

Quant à Rivard, peu importe comment, il était dehors. C'est tout ce qui comptait. Cela dit, étant donné toute l'intelligence qu'il a démontrée dans cette aventure, une dernière série de questions se posent : le 2 mars 1965, pourquoi a-t-il décidé tout bonnement de laisser les clés de la prison dans une voiture ? Il pouvait les emporter avec lui et continuer de ce fait de protéger ses amis d'« en dedans ». S'agit-il d'une erreur de Durocher dont Rivard n'aurait pas été mis au courant ? Rivard avait-il malgré tout des comptes à régler avec les gens de la prison, raison pour laquelle il aurait laissé traîner le trousseau ? Pourquoi ces clés sont-elles disparues pendant tout ce temps ? Certainement parce qu'elles venaient accréditer la thèse de collusion que redoutaient tant les autorités.

En tout cas, il aura fallu 37 ans pour qu'on apprenne qu'elles avaient été retrouvées après avoir en quelque sorte été enterrées par la police.

En digne représentant du monde des cabarets du temps du *Red light*, le magicien de l'échappatoire nous avait gardé son meilleur numéro pour la fin. Sacré Lucien !

Deuxième partie

AUTOUR DE LUCIEN

DES EXTRAITS BONIS

Au fil de mes recherches et de la rédaction de cet ouvrage, je me suis rendu compte que le hasard de la vie a fait que Lucien Rivard et moi aurions très bien pu nous rencontrer. J'ai aussi réalisé que, d'une certaine manière, j'ai été entouré de bandits toute mon enfance. Je me suis donc employé à remonter dans mes souvenirs pour témoigner d'une réalité sociale objectivement répandue qui fait que : il y a toujours un bandit près de nous. Et puis, tout en visant l'objectif de ce livre, c'est-à-dire de rendre le récit de l'épopée de Lucien Rivard le plus intéressant possible, j'en suis arrivé, étant donné les travaux de la Commission Dorion, à me poser certaines questions à propos des commissions d'enquête publique et de leur utilité. À mon avis, ces questions méritaient d'être abordées séparément. Je crois qu'elles peuvent intéresser ceux qui, comme moi, s'interrogent sur les phénomènes et comportements de nos sociétés. J'ai donc choisi de traiter distinctement de ces dérivés de l'histoire principale. Un peu comme si, à la manière d'un film offert en DVD, je proposais au lecteur des extraits supplémentaires au livre qu'ils viennent de lire.

Alors, promenons-nous un peu autour de Lucien.

DES BANDITS À DUVERNAY

Les bandits sont comme le bon Dieu de mon enfance.
Ils sont partout.

J'ai passé l'essentiel de ma jeunesse à Duvernay, à l'époque la ville la plus cossue de l'île Jésus, avec peut-être certains bouts de Chomedey, au bord de la rivière des Prairies, à l'ouest. Mais ça, c'étaient des Anglais riches. Pas pareil.
Duvernay. Ce n'était pas rien pour des Montréalais qui arrivaient du quartier ouvrier d'Hochelaga-Maisonneuve, comme c'était le cas de mes parents en 1960. J'avais quatre ans. C'était bien avant que l'on construise le pont Papineau qui marqua la transformation de ce ghetto de luxe en un nouveau modèle de développement urbain, situé entre les ponts Pie-IX à l'est et Viau à l'ouest, tous deux reliant l'île à Montréal.
À l'est, Saint-Vincent-de-Paul s'enorgueillissait de sa prison, de son aréna, de son collège Laval et de son barrage hydroélectrique enjambant la rivière des Prairies. L'hiver, les patinoires du collège privé étaient parmi les meilleures de l'île, toujours lisses, bien déneigées. Les fins de semaine, j'y jouais, à n'en plus finir, des parties de hockey avec des inconnus qui étaient devenus mes amis au bout

157

de 10 minutes. Il n'était pas rare de voir un frère en soutane arroser la glace adjacente pendant qu'un garde nous observait du haut des murs de la prison, képi au front et carabine à l'épaule.

À l'ouest, à Pont-Viau, les soirs d'été, en faisant un tour de « machine », on pouvait aller voir et entendre se poser des hydravions à la marina. De beaux bateaux à moteur aux toiles bleues les croisaient en entrant et en sortant lentement des quais pendant que nous léchions des crèmes glacées molles à la vanille, friandises nouvellement arrivées sur le marché.

Duvernay n'offrait rien de cela, sauf un centre commercial, probablement le premier à orner l'île qui, en quelques années seulement, fit de ces complexes commerciaux géants sa marque distinctive. J'allais souvent au centre commercial Duvernay. J'aimais beaucoup manger un *club sandwich* chez Woolworth et boire un *milk shake* à la pharmacie. On pouvait les déguster au comptoir, assis sur des bancs rouges tournants bien rembourrés. On pouvait aussi se sustenter de jus de raisin ou d'orangeade qui giclaient et dégoulinaient sur les bords de récipients de verre bien en évidence près de la caisse enregistreuse.

Dès l'âge de huit ou neuf ans, pour tout et pour rien, j'allais au « centre » comme nous disions à la maison. J'appréciais particulièrement le magasin de musique. On pouvait y acheter des disques 33 et 45 tours, mais aussi des instruments de toutes sortes. Comme j'apprenais à jouer de la batterie, c'est là que je me procurais mes baguettes que je choisissais avec le plus grand soin, discutant de mes préférences avec le marchand qui n'était pas très sympathique, mais qui s'efforçait de s'intéresser à moi, car il savait qu'il allait bientôt me vendre la nouvelle et unique paire de maracas multicolores qu'il venait de recevoir et qu'il avait disposés, croisés, en vitrine. Je n'aurais qu'à convaincre maman. Ce ne serait pas bien difficile, moi qui étais le plus sage de la famille et premier de classe. Nous habitions une très confortable maison à paliers de 10 pièces. J'imagine qu'on qualifiait de la sorte ce type de constructions parce que, quand on y entrait, on se retrouvait sur un palier et on n'avait d'autre choix que d'emprunter un escalier de cinq marches vers le haut ou le bas. Cet escalier était mon terrain de jeu ainsi que celui de mes trois frères cadets. Plus encore que dans nos chambres, c'est là que nous nous battions, nous cachions, faisions des acrobaties. Mes frères plus que moi. Je vous l'ai dit, j'étais le plus raisonnable.

Lorsque je revenais à pied du centre commercial ou de l'école, j'avais hâte de retrouver mes frères, ma mère et mes grands-parents qui habitaient avec nous. Et puis, de temps en temps, mon pas, déjà bon, s'accélérait subitement. L'automobile de mon père était là, dans l'entrée. Il était de passage. Mais serait-il de bonne humeur ou fatigué, seul dans son grand bureau à ne pas vouloir qu'on le dérange ? Il me fallait bien quelques angoisses pour contrebalancer cette enfance sans histoire qui était la mienne. Mis à part le fait, évidemment, que j'étais le fils d'un des grands chanteurs populaires du Québec.

Je vivais donc une jeunesse de banlieue, prétendument à l'abri de la vie montréalaise trépidante et sale, loin de ses hangars et de ses ruelles, de la pauvreté, de la délinquance, toutes tares propres aux grandes villes. Et pourtant... le mal sournois et retors s'affairait autour de moi sans que je le sache.

Lorsqu'on regardait derrière chez nous, Duvernay s'étendait en terres agricoles jusqu'au chemin de fer situé à trois kilomètres au nord. Il m'arrivait quelquefois d'y voir un troupeau de vaches qui, s'étant franchement éloignées de leur étable, s'approchaient au son de la musique qui fusait souvent de la maison. Culture et troupeaux ont toujours fait bon ménage, c'est connu.

Au bout d'un an ou deux, ces riches terrains furent vendus à des promoteurs immobiliers qui commencèrent à les fertiliser à leur manière en faisant pousser d'autres maisons à paliers et des maisons de plain-pied de trois ou quatre modèles différents. Mes parents, eux, parmi les premiers construits, décidèrent, pour ne pas être en reste, de se faire creuser une piscine. Une Val-Mar en béton. Le nec plus ultra en matière de plan d'eau reconstitué.

Et puis le développement n'eut plus de cesse, les commerces venant s'ajouter aux constructions domiciliaires au point de constituer un cordon mercantile bigarré et absolument laid tout le long du boulevard de la Concorde. Une station d'essence, un vendeur de pneus, un restaurant grec, un salon de coiffure, une caisse populaire. Et on recommence : une mercerie, une tabagie, une pizzeria, une succursale de la Banque provinciale et une agence de voyages. Toutes ces devantures jaunes, vertes, orange et rouges s'agglutinaient au boulevard foulé par une parade de voitures incessante et par des autobus qui allaient bientôt constituer notre passeport vers l'aventure et la liberté : Montréal.

Je vivais dans mon île, insouciant, entouré de modernisme sans perspective, d'asphalte et de préfabriqué. Je n'étais ni à la ville, ni à la campagne. Pour subsister dans ce *no man's land*, il fallait que je sois rêveur, c'est sûr. Sans cela, j'y serais mort d'ennui. Si seulement j'avais su que des méchants bandits rôdaient. Peut-être aurais-je pu ajouter un peu de vrai drame à mes cauchemars et à mes mondes inventés. Mais, voyez-vous, en pauvre garçon naïf, je l'ignorais.

En 1962, mon père, qui trouvait toujours quelque chose de plus à entreprendre, ouvrit un cabaret-restaurant situé à environ un kilomètre de notre résidence, sur le boulevard. De temps en temps, le dimanche, mes trois frères et moi allions y souper avec ma mère, mes grands-parents Gravel, ma tante Irène et mon oncle Robert. Il arrivait que nous assistions à des spectacles de fin d'après-midi. Celui des Jérolas ou de Dodo et Denise, par exemple. Ça se pouvait le dimanche, à tout le moins dans le club de mon père. La cuisine, française, y était de très bonne qualité. Je me souviens d'y avoir mangé pour la première fois un classique : du canard à l'orange. Je n'avais aucune idée de ce que pouvait goûter le canard, mais l'orange a toujours été une de mes saveurs préférées, avec celle de la réglisse. De la viande sucrée ? Comme les Chinois, mais à la française ? Miam !

Aller « au club » c'était chic. C'était pour moi comme entrer par magie dans un film américain de Fred Astaire ou dans une émission d'Ed Sullivan. Pour atteindre ce nirvana, je n'avais qu'à prendre un bain l'après-midi et à bien m'habiller.

À l'époque, avoir un cabaret comportait un certain nombre d'obligations, dont celle, pour la plupart des tenanciers, de payer ces messieurs de la pègre pour qu'ils assurent la protection de l'établissement et qu'il n'y ait pas de problème, comme on dit. Évidemment, tout le monde sait que ces pratiques n'existent plus.

Un jour, peu après l'ouverture de Chez Fernand Gignac, deux grands hommes travaillant pour le clan Cotroni se présentèrent au cabaret de papa. Comme c'était en fin d'après-midi et qu'il n'y avait à peu près pas de clients, il était absent. Après avoir commandé deux Campari sodas, ils firent donc un brin de conversation avec le gérant de l'établissement, un gentilhomme que j'appelais M. Armand, un professionnel qui en avait vu d'autres.

Il ne leur fallut pas très longtemps pour faire comprendre à M. Armand qu'il allait en coûter quelque chose toutes les semaines au chanteur à la pipe et à la rose pour que la paix continue de régner dans l'établissement.

M. Armand les écouta sans broncher. C'est alors que, voyant que le gérant n'était pas impressionné et ne leur donnait pas de réponse, ils lancèrent leur petite bombe. « Et *pis* tu diras à Fernand qu'on sait où son gars va à l'école. C'est à l'école Saint-Charles, juste en arrière. On a fait un petit bout derrière lui aujourd'hui. Juste pour vérifier qu'il ne lui arrive rien ».

Son gars… Ça ne pouvait être que moi. Mes frères n'étaient pas encore d'âge scolaire. Ils avaient été là, derrière moi. Combien de fois? En tout cas, derrière moi… Ils étaient dans mon dos, à distance, mais pas loin. Probablement dans une Impala grise, portant chapeaux de feutre, costumes et cravates rayés. Ils étaient armés, ça, c'est certain. Et surtout, ils me filaient. Mais comment? J'étais à pied. Je ne pouvais pas aller bien vite. Me suivaient-ils en marchant derrière moi? Pourquoi est-ce que je ne les avais pas remarqués? Qu'est-ce qu'ils auraient bien pu me faire? M'enlever? Faire chanter mon père? Enfin, je veux dire…

Lorsqu'il entendit mon nom, M. Armand prit la chose beaucoup plus au sérieux. Il remercia prestement les deux hommes en leur promettant qu'il leur fournirait une réponse rapide. Après quoi il les raccompagna en silence et les regarda descendre l'escalier qui menait à la rue et s'en aller.

– Allo, Fernand? C'est Armand. Écoute, j'ai deux gars… Ils ont suivi Benoit…

– Quoi?

– Ils disent qu'ils savent où il va à l'école. Ça ne m'énerve pas trop, mais je voulais t'en parler tout de suite même si je sais que tu enregistres cet après-midi…

– Trouve-moi le numéro de Cotroni.

– Quoi?

– Trouve-moi le numéro de Cotroni.

– Frank?

– Non. Vic.

Jamais on ne revit les deux grands hommes à chapeau, amateurs de Campari. En 1949, au

Faisan Doré, en plein cœur du *Red light*, un adolescent de 14 ans aux oreilles décollées avait attiré l'attention de la mafia en chantant « Qu'il fait bon, chez vous, maître Pierre… » Ce jour-là, quand Vic Cotroni eut fini d'écouter mon père (à qui il n'avait pas parlé depuis plus de 10 ans) lui raconter, la voix chevrotante de colère, ce que les gars de son frère Frank avaient fait, il y eut un long silence aux deux bouts du téléphone, puis une réponse de la part du grand patron de la mafia :

« Fernand. Dors sur tes deux oreilles. Tu n'auras pas de *trouble* avec nous autres. »

Chez Fernand Gignac ne fit jamais partie du système de protection de la mafia. Je ne fus plus jamais suivi. Enfin, c'est ce qu'on m'affirma 20 ans plus tard.

Mais les bandits étaient venus. Ils étaient à Duvernay. Là où, pourtant, l'existence était belle.

Avec les années, nos parents nous apprirent, à mes frères et à moi, la valeur de l'argent et du travail. Aussitôt que nous le pouvions, il était recommandé que l'on commence à effectuer de petits travaux. Nous étions fortunés, mais ça ne comptait pas. Travailler pour quelqu'un et ramasser nos propres dollars faisait partie de notre éducation supérieure.

Vers 12 ans, je devins donc laitier de fin de semaine pour M. Audet qui nous livrait 6 jours par semaine 4 pintes de lait en vitre et un carton de jus d'orange. Le lundi, il ajoutait une livre de beurre et des œufs, et le jeudi, de la crème et de chocolat au lait. Il accepta de me prendre dans son camion tous les samedis matin vers quatre heures et demie, direction la laiterie Sealtest. C'est là que nous empilions une bonne centaine de lourdes caisses de lait dans son camion pour le distribuer dans les heures qui suivraient.

Moi qui n'étais pas particulièrement fort, j'aurais pu choisir le livreur de pain aux cargaisons beaucoup plus légères. Il venait aussi chez nous. Mais ce fut Audet, un jour par semaine. Ma mère le trouvait plus fiable que l'autre.

Le samedi était sa grosse journée. À tel point qu'il fallait retourner remplir le camion vers 10 heures. C'était aussi jour de collecte et je m'occupais de cela comme du reste. Je me souviendrai toujours de ma première matinée. M. Audet me donnait les consignes d'usage. « Là, c'est trois ; l'autre, c'est deux plus un jus. Allez, grouille ! » Soucieux de bien faire, à ma troisième ou quatrième maison, déjà plus confiant, je m'étais élancé hors du camion, au point du jour, deux bouteilles de lait dans chaque main alors que le gros camion carré, toutes portes ouvertes, n'était pas encore arrêté. Mes jambes se croisèrent en moins de deux et je me mis à rouler sur le gazon frais coupé de Mme Gagnon, tentant de protéger les bouteilles.

Ayant réussi je ne sais trop comment à protéger mon butin et à me relever indemne, le sourire que j'avais au visage disparut quand j'entendis Audet me crier : « Hé ! Arrête de niaiser, on n'a pas juste ça à faire, se rouler dans le gazon ! »

Au bout de quelques secondes, il se mit à rire lui aussi, et je dois dire que nous sommes devenus de bons amis. Il faut comprendre que je ne lui coûtais pas cher. Mon salaire correspondait aux pourboires que je pouvais percevoir dans ma journée. En tout et partout 2 ou 3 $ par samedi, que je mettais de côté pour m'acheter des 45 tours à 50 sous ou des instruments de percussion quand j'avais la patience d'épargner.

Je fus donc laitier pendant près de deux ans sans me douter que l'une des maisons que je servais immanquablement était celle de Blackie Bisson, l'allié indéfectible de Lucien Rivard et Bob Tremblay, dont on sait maintenant qu'il habitait Duvernay durant ces années. De fait, la ronde de M. Audet comportait au moins 150 maisons unifamiliales, toutes à Duvernay et, en 1966 et 1967, il ne devait pas y avoir beaucoup plus de maisons de ce type dans la ville. Je servais donc Blackie et sa famille sans m'en rendre compte.

Imaginez-moi tomber face à face avec Bisson ou même avec Bob Tremblay qui résida chez Blackie pendant un certain temps à sa sortie de prison, précisément au cours de ces années.

Bandits ou pas, à l'époque, les hommes s'acquittaient rarement de tâches comme celles de payer le laitier. Mais qui sait, je les ai peut-être vus passer devant moi en robe de chambre ou lire le journal au salon! Ces gens-là avaient peut-être une voiture chargée d'héroïne à la porte ou cachaient 500 000 $ dans la maison! Ouf!

Et qui sait si, encore aujourd'hui, ma photo ne traîne pas au fond d'un dossier dans un classeur de la GRC. La maison de Bisson était constamment sous surveillance. On m'a peut-être pris en photo un beau samedi matin d'été, entrant chez lui avec six bouteilles de lait dans les mains. Parce que, je vous le jure, j'étais capable de tenir 6 bouteilles de mes 10 doigts mous!

Pour ainsi dire, je fréquentais des bandits. Ma vie de banlieue n'était peut-être pas si insignifiante, après tout.

Était-ce pour nous permettre de jouir de quelque chose de plus vivifiant ? Toujours est-il qu'au cours de ces mêmes années nous fîmes l'acquisition un chalet dans les Laurentides. Tous les vendredis d'automne et d'hiver, vers 16 h, après l'école, ma mère, qui fut une des premières épouses de Duvernay à conduire et à posséder sa propre automobile, nous entassait dans sa Comet vert métallique, ainsi que mes grands-parents, le serin de ma grand-mère et le chien de la famille. Destination : Sainte-Anne-des-Lacs pour la fin de semaine.

En route pour la campagne, la vraie cette fois, il nous arrivait de faire un arrêt au restaurant du beau-frère d'Henri Richard le célèbre numéro 16 des Canadiens de Montréal, un bon ami de mon père. Quand nous entendions ma mère dire : « Y a trop de trafic. On va manger un *hot chicken* chez Guy Brochu au Pavillon laurentien ! », la Comet s'emplissait alors de cris de joie. Parfois, ma grand-mère, souvent plus enjouée que nous, entonnait une chanson grivoise de son répertoire.

La décision d'arrêter à Auteuil au Pavillon ou au Curb Service attenant dépendait toujours de l'heure à laquelle nous avions quitté Duvernay. Plus tard nous partions, plus il y avait de circulation vers le nord, moins nous allions vite, plus nous avions faim et plus les chances d'arrêter au Pavillon augmentaient. Je soupçonne encore aujourd'hui mon frère François, le plus espiègle de la famille, de s'être organisé plusieurs fois pour que nous ayons des départs tardifs.

Comme la plupart des enfants, nous adorions aller au restaurant. Et puis arriver au chalet à la noirceur, dans le froid, dans le silence. Tout devenait un peu plus magique. Les ombres le long des chemins sinueux, l'éclairage aux fenêtres des voisins, l'odeur des feux de foyer.

Au restaurant comme ailleurs, il fallait que je me comporte comme l'aîné que j'étais. Nous étions la plupart du temps sept à table. En plus de voir à ce que tout le monde fasse les bons choix et attende patiemment son repas, maman devait souvent jaser avec les patrons ou des clients qui venaient d'apprendre que la femme et les enfants de Gignac étaient sur place. Il importait en conséquence de démontrer toute la bienséance dont nous étions capables. C'est alors qu'immanquablement elle disait : « Et ça, c'est mon plus vieux, Benoit. » C'était à mon tour de faire la causette.

– Bonjour, monsieur.

– Bonjour, mon jeune. Je m'appelle Lucien. Est-ce que tu chantes comme ton père ? En tout cas, tu lui ressembles comme deux gouttes d'eau. Sais-tu que je l'ai vu chanter au Faisan Doré quand il avait ton âge ?

– Benoit, monsieur Rivard est le propriétaire du Domaine idéal. Tu sais là, ici pas loin, où papa a chanté l'été dernier ?

– Oui. Je sais c'est où. Non, monsieur Rivard, je ne chante pas, mais je fais de la musique. Je joue de la batterie.

– C'est bon, ça. Tu joues du *drum*. Connais-tu Gene Krupa et Buddy Rich? Je les ai déjà vus dans un *drum battle* à New York.
– Pour vrai? J'ai leur disque à la maison.
– Connais-tu Louis Armstrong?
– Il joue de la trompette. Mon père me l'a fait écouter. Il chante aussi *Hello Dolly*.
– C'est ça. *Ben* il est venu au Domaine cet été. *Pis* il revient l'été prochain. Si tu viens te baigner le bon jour, je vais te le présenter. OK? C'est un *deal*?
– Maman, est-ce que je peux?
– On va en parler à papa.
– C'est ça, vous saluerez Fernand de ma part. Au revoir, Madame Gignac. Salut, mon jeune. Salut, tout le monde.
– Merci, Monsieur Rivard.

J'aurais très bien pu rencontrer ce petit homme sympathique plein d'entregent qui faisait fureur à Auteuil. Cet homme d'affaires prospère, trapu, cheveux en brosse qui, quelques années plus tard, a fait trembler les gouvernements et les autorités policières.

Il était souvent au Pavillon laurentien et au Laval Curb Service. On le connaissait. Moi aussi, j'y allais. Et je faisais partie d'une famille qu'on connaissait.

Mais au fond, peu importe mon destin. Ce qui est important de comprendre par-dessus tout, c'est que les bandits sont toujours là parmi nous. C'est indubitable. Ils vivent comme nous. Ils ont besoin d'une vie ordinaire. Ils ne se volatilisent pas le jour pour réapparaître la nuit.

Souvenez-vous-en quand vous parlerez à des inconnus, quand vous verrez s'installer de nouveaux voisins près de chez vous et qu'ils feront systématiquement le tour de leurs automobiles de luxe en les inspectant avant d'y monter.

Remarquez bien leurs allées et venues, les gens qu'ils fréquentent, l'ampleur de leurs réceptions, leurs absences prolongées, l'heure où les lumières se ferment dans leurs résidences, les colis qu'ils reçoivent.

Surveillez les passagers des avions que vous prenez. La première classe, le passage à la douane. Surveillez vos valises. Au travail, demandez qui sont les inconnus qui sont passés dans le bureau du patron en coup de vent, l'identité des gars l'autre côté de la rue, qui sont dans leur voiture depuis deux jours.

On ne sait jamais. Votre vie pourrait tout à coup devenir plus palpitante.

DE SCANDALE EN COMMISSION : ATTENTION À LA BÊTE !

Le 23 novembre 1964, le résumé des tentatives de corruption de Lucien Rivard était mis à jour à la Chambre des communes d'Ottawa. Le *Toronto Star* avait attaché le grelot quelques semaines auparavant en révélant que des agents de la GRC étaient montrés du doigt pour avoir possiblement mal renseigné un ministre dans une affaire de tentative d'influence d'employés gouvernementaux. S'ensuivit la Commission d'enquête publique Dorion.

En 1995, le *Financial Post* révélait de possibles malversations lors de l'achat d'avions Airbus et, se basant sur des enquêtes de la GRC (encore elle) avançait que l'ex-premier ministre Brian Mulroney pouvait être impliqué dans cette histoire. Des avocats s'en mêlèrent et, dans un premier temps, M. Mulroney fut dédommagé avec excuses par le gouvernement canadien. Mais les choses n'allaient pas en rester là. Au moment de la rédaction de cet ouvrage, l'affaire et ses dérivés connaissent des rebondissements et il se peut, à la faveur de déclarations douteuses d'un dénommé Schreiber, qu'une nouvelle enquête publique soit déclenchée pour faire la lumière finale sur cette histoire. En 2000, le *Globe and Mail* mettait à jour ce qui s'est appelé le « scandale des commandites ». Des agences de publicité du Québec, des politiciens et des fonctionnaires ont, après le référendum serré de 1995 sur la sécession du Québec, participé à des opérations de financement politique illégales, tout ça avec de l'argent public. Cette histoire donna naissance à la maintenant célèbre Commission Gomery. La GRC enquête toujours sur cette affaire pour laquelle quelques personnes ont déjà été emprisonnées.

La liste des écarts, errements et manquements de nos politiciens, gouvernements et administrations publiques pourrait s'allonger. Pensons aux pots-de-vin reçus par John A. Macdonald au XIXe siècle ou à l'ère Duplessis et aux abus de pouvoir exercés à cette époque. L'affaire de la Corporation du gaz naturel, ajoutée à d'autres, avait aussi donné lieu à une commission d'enquête, présidée celle-là par le juge Salvas. Dans ce cas, toutefois, personne n'avait été trouvé coupable par les tribunaux.

Un cocktail explosif

Dans un grand verre, mettez des partis politiques sous le système parlementaire britannique, des journalistes travaillant pour des entreprises commerciales, des corps policiers et brassez plus ou moins vigoureusement. Vous obtiendrez en moins de deux un cocktail très explosif. Et il y a fort à parier que l'arme de défense que vous aurez voulu créer fera, au moment de son utilisation, des victimes inno-

centes et des dommages collatéraux insoupçonnés.
Un peu comme ces missiles que se lançaient Libanais
et Israéliens en 2006 et qui causèrent des centaines
de morts civiles injustifiées.

Et si jamais ce cocktail se transforme en ces
véritables festins meurtriers pour redresseurs de
torts que sont les commissions d'enquête publique
alors là, c'est la guerre annoncée !

Cette réflexion m'est venue à la lecture des
conclusions du juge Dorion à l'issue de l'enquête
qu'il mena pendant plus de 6 mois en 1964 et 1965.
Une douzaine d'avocats, des dizaines de témoins,
des milliers de pages d'interrogatoire pour n'en
arriver qu'à ça ? me suis-je dit.

Des centaines d'articles de journaux, des
heures de temps d'antenne à la radio et à la télévision, on ne sait plus combien de débats politiques
entourant ces délibérations, pour aboutir à une
accusation au criminel et quelques blâmes ?

Qu'en fut-il au juste des agissements du gouvernement libéral à cette époque ? Quelques politiciens pour la plupart inexpérimentés sont
approchés par des gens à la morale douteuse, mais
répandue à cette époque. Ils commettent alors des
erreurs punissables, c'est un fait. Et ils en subiront
les conséquences avec ou sans enquête publique.
C'est à peu près tout. Pas de mal généralisé, pas
de « ramifications internationales ».

Avec le recul, force est de constater que ces
manquements somme toute mineurs ne corrom-
pirent pas le gouvernement. La révélation de
ces écarts méritait-elle tout ce battage ? À la guerre
comme à la guerre, pourrait-on dire. Pour empêcher
que le mal ne dégénère, il faut l'éradiquer.

Mais voilà. On ne tue pas une mouche avec un canon. On ne déclenche pas tant d'hostilités pour si peu. Auquel cas on risque de faire de grands dommages inutiles.

Il ne s'agit pas de remettre en question l'utilité réelle des commissions d'enquête en ce qui a trait, par exemple, à l'amélioration de nos modes de fonctionnement politiques et publics.

Ceci étant, ces errements des attachés politiques Denis et Letendre ainsi que ceux du député Guy Rouleau rendaient-ils le ministre Guy Favreau coupable, même par association, de quoi que ce soit ? Non. Sa démission fut le simple résultat de la pression de l'opinion à son endroit. Et sa mort aussi, diront certains. *That's politics ?* Je ne suis pas certain qu'il soit nécessaire d'aller jusque-là.

L'impact sur la famille de M. Favreau et ses proches qu'eut cette commission, pour ne parler que de celle-là, est encore palpable 40 ans plus tard. Je m'en suis rendu compte lorsque j'ai approché les enfants de M. Favreau pour qu'ils me livrent leur témoignage de ce qu'ils avaient vécu à l'époque.

Est-ce qu'il se pourrait qu'on en fasse trop lorsque surviennent des dérapages des appareils publics ? Se pourrait-il que les appareils de surveillance que sont les partis politiques, les médias, les services de renseignements et de sécurité nationale dont nous nous sommes dotés ne soient pas toujours en contrôle de leurs moyens et que, de ce fait, ils exagèrent régulièrement et n'osent pas le reconnaître de peur d'avoir à se réformer ?

L'emballement des médias et des politiciens souvent réunis pour leurs propres intérêts partisans ou commerciaux cause fréquemment des torts irréparables. Les exemples de telles situations sont nombreux. Ainsi, en 2004, un avocat et ses clients ont présenté aux médias, à l'aide d'un enregistrement audio fait en cachette, un mauvais traitement subi par une résidente de l'hôpital de soins prolongés Saint-Charles-Borromée à Montréal. Ce geste spectaculaire entraîna une véritable folie médiatique et politique, la mise sous tutelle de l'institution, la démission (et le suicide) du directeur général et une vaste enquête de tous les centres hospitaliers de soins de longue durée (CHSLD) du Québec. Le ministre de la Santé du Québec, Philippe Couillard, pourtant d'un calme et d'un équilibre à peu près toujours parfaits, bombardé de toutes parts à l'Assemblée nationale comme dans les médias, n'eut d'autre choix que de procéder de la sorte.

On pourrait croire au départ que la révélation d'une situation inacceptable par des journalistes et l'insistance des politiciens pour que les choses changent sont des exemples parfaits de démocratie et d'une société progressiste qui fonctionne rondement.

Et si on se mettait à mesurer l'impact qu'a eu à l'époque cette révélation sur les patients et tous les enfants de parents qui résident dans les CHSLD ? « Et s'il arrivait qu'on me maltraite moi aussi ? » « Et s'il fallait que ma mère soit maltraitée ? » « Et si on violentait mon père ? » Bonjour la culpabilité. Et que dire de l'effet démoralisateur qu'a pu avoir la révélation de ce cas exceptionnel sur l'ensemble des travailleurs des CHSLD qui souffraient déjà d'un manque flagrant d'appui et de ressources pour accomplir leur travail correctement? L'enquête commandée par le ministre qui envoya pendant plus d'un an des équipes volantes non annoncées dans des dizaines de CHSLD ne révéla rien qui n'aurait pu être géré par les systèmes normaux de protection des patients et des citoyens déjà existants au Québec.

Vous en voulez d'autres? En 2007, en plein cœur d'un important débat de société sur les accommodements raisonnables et sur l'accueil des immigrants, un journaliste se mit à extrapoler à partir de la loi électorale canadienne pour imaginer une situation où des employés électoraux auraient à composer avec une femme voilée se présentant pour voter, mais qui refuserait de découvrir son visage. Cela ne s'était jamais produit au Canada, et les risques que cela arrive sont infinitésimaux. Eh bien, croyez-le ou non, il fallut moins de 24 heures de tempête médiatique pour que de nombreux politiciens réclament, sans aucune vérification de l'état des choses, des changements immédiats au cadre législatif existant, et ce, pour que toute personne au Canada soit obligée de voter à visage découvert. Jamais les Canadiens de religion musulmane ne s'étaient opposés à ça!

Du pareil au même

En 1965, le Nouveau Parti démocratique, les progressistes-conservateurs, les médias et fort probablement la GRC ont orchestré, autour des agissements de Lucien Rivard et sa bande, un scandale qui servait leur propre intérêt plutôt que celui de la population canadienne. En 1965, la machine de surveillance canadienne s'est emballée. Je crois que, 40 ans plus tard, on pourrait dire la même chose à propos de la Commission Gomery et probablement aussi de l'affaire Airbus et de M. Mulroney. Comme si l'histoire n'avait rien retenu de toutes ces exagérations autour des agissements erronés de ceux qui nous gouvernent.

Voici ce que la journaliste d'expérience Lysiane Gagnon disait à propos de certaines motivations entourant l'affaire Airbus dans une chronique qu'elle signait le 19 janvier 2008 dans *La Presse*.

Il y a une toile de fond à l'affaire Mulroney-Schreiber. Elle explique l'acharnement que met, depuis des années, une certaine presse torontoise à fouiller dans la petite histoire du régime Mulroney pour y trouver la preuve que l'ancien premier ministre était un personnage véreux.

C'est ainsi qu'est né le faux scandale d'Airbus, dont la grande animatrice fut Stevie Cameron, une journaliste que sa haine viscérale de Mulroney a poussée à devenir, contre l'éthique journalistique élémentaire, informatrice de la GRC. La police, les libéraux (notamment le ministre Allan Rock, alors à la Justice) et un petit groupe de reporters s'échangeaient des informations et des rumeurs, et tant pis si les preuves manquaient, on continuait. Finalement, on n'a rien trouvé d'illicite.

> *Cet énorme procès d'intention reposait sur un préjugé alors fort répandu au Canada anglais : seule la corruption au plus haut niveau pouvait expliquer qu'Air Canada ait acheté des avions français. Depuis, les succès d'Airbus (devenu un énorme consortium européen) ont donné raison à Air Canada, mais il y a 20 ans, nombreux étaient les Canadiens anglais qui ne comprenaient pas qu'on puisse préférer les Airbus aux Boeing. La France, c'était pour les parfums et la haute couture, non ?*

Quand les politiciens, les médias et les forces policières utilisent à leur profit la faiblesse humaine, tout cela dans leur esprit le plus pur, pour contribuer supposément à la construction d'une société meilleure, ils créent à certains égards l'effet inverse. Ils installent la population dans un monde de suspicion et de cynisme qui mène au désabusement.

Et force est de réaliser que les mécanismes d'enquêtes publiques dont nous nous sommes dotés théoriquement pour nous défaire de ces embâcles contribuent à créer cet état social.

Coupables par association publique

Revoyons une dernière fois, pour nous mener plus loin, le fil des événements qui engendrèrent la Commission Dorion.

L'opposition dévoile en Chambre que certains membres de cabinets politiques et un élu se sont prêtés directement au jeu inadmissible que l'on sait, et les médias en font leurs choux gras. Tout ce beau monde et peut-être la GRC elle-même en viennent à s'entraider. À tel point que le premier ministre, probablement toujours à même de constater que tout cela n'est pas si grave, décide de calmer le jeu en mettant un peu d'ordre dans la maison : il demande une commission d'enquête.

À partir de ce moment, un phénomène connu, mais toujours aussi étrange, se produit : le gouvernement devient coupable avant d'être jugé ou même de s'expliquer. Il ne s'agit plus de mettre les choses en perspective, de faire comprendre par exemple que tout cela est avant tout l'affaire de quelques-uns, que les citoyens sont presque à coup sûr encore bien servis par l'immense majorité de leurs représentants à la Chambre et dans l'appareil public. Non, tout cela n'est plus utile et, surtout, devient impossible. Et même si certains s'emploient à le faire, ils prêchent dans le désert de l'utilité politique et médiatique.

Non. Ce gouvernement est corrompu. Les médias, les élus et la police accomplirent leur indispensable travail. Un point c'est tout. Et ce n'est que la pointe de l'iceberg. Il faut continuer l'œuvre d'assainissement de la race. Peu importe le nombre de victimes, la cause est juste ! Il s'agit de l'argent des citoyens, après tout !

Un peu de défense de l'intérêt public par ici, un peu de droit du public à l'information et de liberté de presse par là. Et voilà une croisade de plus !

Si je reprenais la longue séquence qui a mené à la création de la Commission Gomery, je ne ferais que me répéter. Et si l'erreur principale, dans ce cas, avait été la décision du premier ministre

Martin de créer cette commission ? Et si le premier ministre Stephen Harper qui songe à faire de même dans le cas de M. Mulroney s'apprêtait lui aussi à causer inutilement des dommages graves à des dizaines de personnes innocentes ainsi qu'à l'équilibre et au moral de notre société ? Réagir à la pression publique comme l'ont fait Lester B. Pearson, Philippe Couillard, Paul Martin ou Stephen Harper ne contribue-t-il pas à accréditer le proverbe à l'effet que « le mieux est souvent l'ennemi du bien » ?

Un sujet tabou

Questionner la pertinence du travail de ceux qui analysent l'efficience ou le degré de transparence de nos gouvernants peut paraître louche. Questionner la mission d'enquête des médias et prétendre à son impact négatif potentiel relève presque du tabou. Cela pourrait même être impossible à dire en société sans se faire traiter de dinosaure oligarchique en mal de dictature.

Faut-il donc, afficher un retour à la grande noirceur et au temps où on cachait aux citoyens la nature de ce qui les affligeait ? Non. Là n'est pas l'objet d'une telle réflexion. Mais il est peut être temps de comprendre que si l'expression démocratique faiblit au Canada comme ailleurs, si la qualité de ceux et celles qui nous représentent laisse de plus en plus à désirer, si nos appareils législatifs et politiques ont davantage de difficulté à fonctionner, si un nombre croissant de citoyens décrochent de tout engagement gratuit, c'est peut-être en partie parce qu'il y a manque de jugement et de rigueur de la part de certains policiers, politiciens, journalistes et médias.

Les actions commises par Rivard pour lui éviter l'extradition étaient de purs gestes de corruption. Mais il s'agissait d'une situation isolée. Ce qui s'est appelé le « scandale des commandites » était un cas de contournement de règles démocratiques qui, au passage, a permis à certains de s'enrichir. Ces situations déplorables sont très difficiles à contrer parfaitement dans les grandes organisations publiques. Faire croire à la population que cela est possible relève de la plus pure irresponsabilité.

L'affaire Rivard comme celle des commandites ont faussement sali des réputations, ont exagérément et parfois inutilement monopolisé l'attention de l'opinion alors que bien d'autres sujets d'intérêt auraient mérité qu'on s'y attarde. Ces histoires ont carrément déstabilisé toute la nécessaire fonction politique et publique, et ont eu des répercussions majeures et probablement inutiles dans la toute la société.

Dans le cas de l'affaire des commandites, le détournement de l'argent des contribuables à des fins partisanes ou personnelles était certainement passible de punition. Mais lorsqu'il s'agit probablement de quatre millièmes de tout l'argent qui est géré par Ottawa chaque année, peut-on admettre qu'il y a eu exagération de la part de ceux qui se sont employés à découvrir, disséquer et suivre l'événement, soit les médias et partis d'opposition mis ensemble ?

L'analyse, même partielle, de la couverture journalistique et politique que l'on a faite à l'époque de la tentative de corruption orchestrée par Lucien Rivard m'amène aussi à parler d'exagération notoire.

Nous n'aurons donc rien appris en 50 ans de nos comportements parfois sauvages en matière de chasse à l'homme public. L'heure de l'examen de conscience aurait-elle sonné pour les politiciens les médias et les corps policiers? Rien n'est moins sûr.

Et si, au fond, cela faisait toujours du bien aux *Homo sapiens* que nous sommes que d'accrocher des trophées de chasse aux murs de nos cavernes démocratiques? Chassez le naturel...

POSTFACE

Des commissions d'enquête, pour quoi faire ?
Deux semaines après l'assassinat de John F.
Kennedy, le juge en chef de la Cour suprême des
États-Unis est convoqué dans le bureau du nou-
veau président, Lyndon B. Johnson. Le président
a une mission à lui confier.

Earl Warren n'était pas seulement le plus haut
placé dans la hiérarchie judiciaire américaine et,
selon la Constitution, le deuxième successeur du
président. Il était aussi un juriste d'une immense
réputation. Ancien procureur général de la
Californie, ex-gouverneur de cet État, nommé par
un président républicain à la Cour suprême, il
devait se révéler étonnamment progressiste en
rendant une série de décisions qui allaient boule-
verser tout le pays.

L'homme n'avait pas manqué de déclencher
les passions, mais il avait prouvé à la face du monde
qu'il possédait à coup sûr une qualité : l'indépendance d'esprit.

En ce jour de décembre 1963, personne dans
l'appareil judiciaire n'avait plus d'autorité morale
à offrir à cette nation en deuil. Il venait en outre
de prononcer un éloge funèbre mémorable :

« Il a été dit que la seule chose qui puisse être apprise de l'histoire est que nous n'apprenons pas, avait-il déclaré. Mais sûrement, nous pouvons apprendre si nous en avons la volonté. Sûrement, il y a une leçon à tirer de cet événement tragique. » Il allait être pris au mot. L'homme était tout désigné pour présider une commission d'enquête sur le quatrième assassinat d'un président américain. Mais Earl Warren n'était pas intéressé. D'abord, il n'avait pas le temps. Ensuite, il ne croyait pas qu'un juge de la Cour suprême devait accepter ce genre de travail, inévitablement controversé.

Johnson n'avait pas l'intention d'accepter ce refus et, ce jour-là, seul à seul, il a forcé la main du juge en chef.

Il circule déjà, aux États-Unis comme ailleurs dans le monde, les théories les plus folles sur cet assassinat, a commencé Johnson. Contrairement aux trois cas passés, l'assassinat de Kennedy ne donnera pas lieu à un procès, puisque l'assassin a lui-même été assassiné. Si les faits ne sont pas établis objectivement à la face du monde, et si des conclusions respectées du public ne sont pas trouvées, il y a un potentiel négatif terrible, a fait valoir Johnson.

Dans ses mémoires, Warren cite le président : « Vous avez été soldat lors de la Première Guerre mondiale. Mais il n'y a rien que vous ayez pu faire dans cet uniforme qui soit comparable avec ce que vous pouvez faire pour votre pays en ces temps difficiles. » Johnson ajouta que l'emballement était tel dans le monde qu'il y avait de sérieux risques de guerre, et même de guerre nucléaire. Une seule attaque pourrait causer la mort de 40 millions d'Américains !

Vu sous cet angle, admettons que le choix était facile…

Le 15 décembre, moins d'un mois après la mort de Kennedy, une commission composée de représentants démocrates et républicains, ainsi que de personnages de haut rang, tenait sa première réunion sous la présidence d'Earl Warren. Dix mois après l'assassinat, le 21 septembre 1964, après avoir recueilli 552 dépositions, dont 94 lors de témoignages directs (mais non publics), la commission rendait un rapport de 888 pages, avec 26 volumes d'annexes. Conclusion : Lee Harvey Oswald avait agi seul. Il n'y avait aucun complot, aucun complice, aucun deuxième tireur.

Quarante-quatre ans plus tard, 2000 livres ont été publiés sur le sujet et, selon les plus récents sondages, plus des deux tiers des Américains croient que JFK a été victime d'un complot. Toutes les théories, réfutées à l'époque, refont surface, incompatibles entre elles, non prouvées, mais qu'importe : on veut croire au complot. Le film d'Oliver Stone, qui distille ces théories, est bien mieux connu que le rapport Warren.

« Les faits entourant l'assassinat lui-même sont simples, si simples que bien des gens croient qu'il faut que ce soit compliqué, ou le fruit d'un complot, pour que ce soit vrai », écrit le juge Warren dans ses mémoires, où perce une certaine amertume devant son incapacité à faire prévaloir une thèse fondée sur la preuve, ou sur la raison, pourrait-on dire.

Un événement d'une telle magnitude ne doit-il pas forcément être le fruit d'une machination complexe ? Comment accepter qu'un homme malheureux et déséquilibré ait pu agir seul pour tuer l'homme le plus puissant du monde ? Qui dit que toute la lumière sur cette affaire a été faite ?

***

Il y a dans l'histoire de la Commission Warren un condensé d'à peu près toutes les autres : une crise ou un scandale, une opinion publique en émoi, une urgence politique, la difficile recherche de la vérité, jamais parfaite, la recherche d'un consensus ou d'une « guérison » nationale, la mise à contribution d'un arbitre neutre et compétent, censé imposer une vérité « prouvable »…

Il y a le meilleur de cette institution. Et en même temps, il y de quoi désespérer de son utilité.

Si, sur un sujet d'une telle importance, un homme aussi crédible qu'Earl Warren, entouré d'une équipe remarquable ayant travaillé d'arrache-pied, n'a pas réussi à endiguer le flot irrationnel des « histoires folles » sur la mort du président Kennedy, à quoi diable peuvent servir les commissions d'enquête ? À nourrir des avocats, des archivistes et des préposés à l'entretien des bibliothèques ?

***

Avant d'être nommé juge, Jules Deschênes était un des avocats les plus en vue du barreau montréalais. Il a eu l'occasion de participer à deux des commissions d'enquête les plus retentissantes au Québec pendant les années 1960 : la Commission Brossard sur l'affaire Coffin et la Commission Dorion, visant des allégations de corruption par Lucien Rivard.

L'affaire de Wilbert Coffin est un autre cas classique. Son procès avait passionné tout le pays. Ce Gaspésien, condamné pour le meurtre de 3 Américains en 1953, est considéré par la plupart des Québécois comme la victime d'une erreur judiciaire. Erreur d'autant plus tragique qu'elle a abouti à sa pendaison.

Après d'autres, le journaliste Jacques Hébert avait écrit un réquisitoire passionné contre «les assassins de Coffin», au nombre desquels figurait le premier ministre Maurice Duplessis, trop content de trouver un coupable pour rassurer les touristes américains, et tous les membres de l'appareil judiciaire impliqués dans l'affaire. Hébert fut accusé d'outrage au tribunal, vendit un grand nombre de livres et provoqua une telle commotion que le gouvernement du Québec se crut obligé de mettre sur pied une commission d'enquête pour tirer l'affaire au clair.

En 1964, au terme d'une longue enquête, le juge Roger Brossard conclut que le verdict du jury contre Coffin était bien fondé. Toute la preuve avait été soigneusement révisée et, fait sans précédent, on avait même interrogé chaque juré. La commission critiquait durement Hébert, qui avait admis n'avoir jamais lu la transcription du procès, auquel il n'avait d'ailleurs pas assisté.

Qu'importe, la thèse de Hébert est celle que retient l'opinion publique. Un film, en 1980, reprendra essentiellement cette thèse, au grand déplaisir du juge Deschênes, qui avait été le procureur de cette commission. Il aura beau tempêter dans les médias, encore aujourd'hui, la vérité de la commission ne compte guère. Qui a lu le rapport Brossard ? Hébert est beaucoup plus séduisant !

La justice « ne prétend pas à l'infaillibilité, écrira avec dépit le juge Deschênes, mais elle est en droit de réclamer le respect de la vérité. » N'était-ce pas précisément le but de ce fastidieux exercice, qui a occupé tant de gens studieux en 1964 : dire la vérité et la faire accepter ?

***

C'est seulement une semaine après le dépôt du rapport Brossard qu'on mandate Jules Deschênes pour représenter Guy Favreau et le gouvernement dans la Commission Dorion, dont il est question dans ce livre.

Dans son autobiographie, le juge Deschênes dit qu'il conserve de la Commission Dorion « le souvenir le plus triste de mes 25 ans de barreau. » Et pour cause.

Comme le signale Benoit Gignac, la Commission Dorion a blâmé sévèrement Guy Favreau pour n'avoir pas pris suffisamment au sérieux les allégations de corruption qui flottaient autour de son personnel. Même si on n'a jamais accusé le ministre de la Justice d'être impliqué personnellement dans cette affaire, le juge Dorion lui a reproché son laxisme ou sa complaisance.

Favreau, un homme de grand talent intellectuel mais apparemment peu doué pour le jeu politique, a été brisé. Il en est mort prématurément, disent même ceux qui l'ont connu. Fini politiquement, sans le sou, malade, il sera nommé à la Cour supérieure trois mois avant de mourir. Il avait indéniablement les qualités requises pour la fonction, mais les initiés le savaient condamnés et n'ignoraient pas le véritable but de cette nomination : procurer à sa veuve une pension. Qu'a donc accompli cette commission d'enquête, au bout du compte ? « Tout ça pour une simple histoire de pots-de-vin », écrit l'auteur Benoit Gignac. C'est un point de vue. Mais une « simple histoire de pots-de-vin » qui met en cause l'intégrité de l'entourage du ministre de la Justice de manière persistante met rapidement en cause l'intégrité du gouvernement et du système judiciaire. L'enterrer peut miner la confiance du public dans l'intégrité de la justice. L'examen méthodique et rigoureux du problème en choquera plusieurs, fera des dommages collatéraux, mais dira l'importance que l'on accorde à l'intégrité du gouvernement. Où était le plus grand intérêt public ?

Certains répondront que la question, en vérité, était plutôt de savoir où était le meilleur intérêt politique du Parti libéral, minoritaire.

Il ne faut évidemment pas perdre de vue la dimension politique de la crise : les commissions d'enquête ne sont pas commandées par l'Esprit saint. Il y a toujours un calcul stratégique plus ou moins déterminant qui entre en jeu dans la mise sur pied d'une commission.

Un gouvernement minoritaire est plus fragile, plus sensible aux attaques contre son intégrité. La situation délicate du gouvernement de Lester B. Pearson a forcément influé sur la décision de créer la commission d'enquête sur l'affaire Rivard : pour montrer qu'il n'avait rien à cacher, rien à se reprocher, quoi de mieux que de déclencher une commission présidée par un ancien « bleu » ?

De la même manière, Paul Martin avait des motivations politiques en formant la Commission Gomery sur le programme des commandites, qui menaçait de faire couler son gouvernement minoritaire – et qui l'a fait coulé éventuellement, d'ailleurs. Ultime preuve qu'il préside à une «nouvelle administration» libérale, il montre qu'il ne craint pas de faire la lumière sur la gestion de son prédécesseur et ex-patron, Jean Chrétien. Certains n'ont pas manqué d'y voir un élément de vengeance personnelle également. Devant l'avalanche de critiques, dont il n'avait pas pu prévoir l'ampleur, la tenue d'une commission semblait inévitable… et permettait de gagner du temps.

Calcul politique à plusieurs composantes, donc. Par définition, tout geste gouvernemental peut être analysé en fonction de l'opportunisme politique. La commission d'enquête la plus indéniablement «nécessaire», au bout du compte, est politique. L'intérêt partisan, voire mesquin, d'un acte gouvernemental ne le rend pas pour autant contraire à l'intérêt public.

Qui dira qu'il n'y avait pas matière à enquête dans la Commission Gomery, devant les vastes fraudes et le système de financement politique illégal? Plusieurs affirmaient que les faits essentiels étaient connus, qu'une commission serait superflue, trop coûteuse, etc. Mais sans contredit, le sujet était hautement d'intérêt public et la commission a fait de nombreuses découvertes que ni les procès criminels ni la vérificatrice générale n'auraient pu débusquer.

***

Tout en considérant la dimension politique-politicienne, il n'en reste pas moins que les commissions d'enquête répondent généralement à une crise de confiance réelle. On peut juger de leur opportunité au cas par cas, mais il faudrait être bien cynique pour prétendre qu'elles ne servent à rien. Cynique ou allergique à toute forme de remise en question de l'autorité...

Car, mine de rien, les commissions d'enquête, quand elles sont bien utilisées, jouent un rôle démocratique fondamental. Elles peuvent interroger le premier ministre, le chef d'un corps de police, de l'armée, requérir des documents, contraindre des témoins et conclure en toute indépendance. Comme contrepoids aux institutions permanentes de l'État, c'est un formidable outil de transparence et de reddition de comptes.

John A. Macdonald a perdu le pouvoir après avoir témoigné devant une commission dont il avait pourtant soigneusement choisi les membres. Jean Chrétien et Paul Martin ont été forcés de s'y expliquer. Les responsables d'une mine de charbon où sont morts 26 hommes en Nouvelle-Écosse, ceux de la municipalité de Walkerton, dans une tragique affaire d'eau contaminée, les responsables de l'approvisionnement en sang de la Croix-Rouge, les membres du crime organisé pendant la CECO, les militaires en charge des opérations en Somalie, les hauts gradés de la Sûreté du Québec après des ratages dans plusieurs enquêtes : les exemples sont innombrables : gens de pouvoirs, légitimes ou non, qui ont défilé au fil des ans sous le regard du public.

Les commissions d'enquête ont jalonné l'histoire politique canadienne et québécoise et, aussi détestables peuvent-elles être à certains égards, elles ont montré leur utilité régulièrement.

***

On peut distinguer les commissions d'enquête de type plus judiciaire de celles qui se penchent sur des problèmes sociaux, politiques ou économiques. Les commissions de type judiciaire son présidées par un juge et enquêtent sur des événements qui ont souvent une connotation criminelle ou de responsabilité civile – accident grave ; gestion d'une catastrophe naturelle ; allégations de corruption dans l'administration publique, la police, le gouvernement, etc. Elles servent essentiellement à établir les faits de manière crédible. Ensuite, elles visent à blâmer la conduite de certaines personnes et à recommander des mesures de redressement s'il y a lieu.

Les autres commissions (sur le bilinguisme au Canada, sur la crise constitutionnelle, sur l'économie, sur les drogues, sur les pratiques d'accommodements, etc.) répondent à une préoccupation de l'opinion publique ou de la classe politique. Elles visent à fonder des politiques gouvernementales ou à les justifier : libre-échange, loi sur les langues officielles, réforme constitutionnelle, etc. Elles visent parfois aussi tout simplement à prétendre que le gouvernement se soucie du problème.

Dans le cas des commissions de type judiciaire, qui m'intéressent ici, le juge Peter Cory écrivait en 1995 qu'elles visent à « découvrir la vérité en réaction au choc, au sentiment d'horreur, à la désillusion ou au scepticisme ressentis par la population.» Leur indépendance, leur publicité et leurs pouvoirs d'enquête considérables leur permettent de remplir un travail unique, ajoutait-il.

«Dans les périodes d'interrogation, de grande tension et d'inquiétude dans la population, elles forment un moyen d'informer les Canadiens sur le contexte d'un problème préoccupant pour la collectivité et de prendre part aux recommandations conçues pour y apporter une solution.» Ce qui fait la force des commissions d'enquête est aussi ce qui provoque les critiques les plus vives. Ces commissions sont indépendantes et bien pourvues financièrement. Elles ont eu tendance, historiquement, à défoncer leur budget et leur échéancier.

Cette indépendance des commissaires fait qu'ils explorent souvent des zones non prévues. Ils risquent de ternir des réputations par leurs blâmes. Les personnes visées par une enquête retiendront donc les services d'avocats. Et comme elles visent surtout des membres de l'administration publique, ces avocats travaillent souvent aux frais de l'État.

Jacques Bellemare, qui représentait des avocats de la Couronne pendant la Commission Poitras sur la Sûreté du Québec, en jetant un coup d'œil sur la vingtaine d'avocats qui réchauffaient leur siège aux frais de la princesse, avait rebaptisé l'endroit «Commission Poitras pour avocats nécessiteux».

Les scrupules qu'on met à protéger les gens visés par une enquête, en leur envoyant un avis avant qu'ils ne soient blâmés, en leur disant à quel sujet et en leur permettant de répondre à toutes les questions, n'existaient pas au temps de la Commission Dorion.

C'est en réaction aux excès de certains commissaires enquêteurs que, depuis la Charte (1982), on a donné plus de protection aux témoins. Mais cette amélioration de leurs droits a évidemment fait exploser les coûts et les délais des commissions d'enquête.

Et comme, par le passé, plusieurs commissions ont produit de magnifiques études et rapports qui sont restés lettre morte (comme un vrai comité de surveillance de la SQ, comme la plupart des recommandations du rapport Gomery II), la création d'une commission d'enquête est accueillie avec de plus en plus de scepticisme. Pourquoi gaspiller tout cet argent ? Qu'apprendra-t-on vraiment ? Veut-on seulement humilier Brian Mulroney ? Et ainsi de suite. Peut-être a-t-on trop mis l'accent sur les recommandations des commissions d'enquête. Leur rôle premier restera toujours de trouver les faits et un peu d'essayer d'améliorer le monde.

Ces dernières années, les commissaires ont essayé de répondre à ces préoccupations. On se souviendra dans les années 1990 de la commission présidée par Louise Arbour sur le pénitencier pour femmes de Kingston, qui a bouclé tous ses travaux en 9 mois, au lieu de plus d'un an. On se souviendra également de la décision sans précédent de Jean Chrétien de mettre carrément fin à la commission d'enquête sur les agissements de l'armée en Somalie, qui s'enlisait et s'éparpillait trop au goût du gouvernement.

D'un côté, avec la Commission Arbour, on avait envoyé le signal qu'une commission bien organisée et qui travaille avec diligence peut terminer son mandat plus rapidement que prévu. De l'autre, le gouvernement Chrétien avait causé tout un traumatisme causé par l'interruption brutale d'une commission d'enquête trop longue. Deux façons d'envoyer un message clair à toutes les commissions à venir : soyez efficaces.

L'heure est en effet à un resserrement du concept. Les commissions d'enquête, après tout, sont comme les thèses de doctorat : il n'y a pas de limite à la recherche qu'on peut effectuer.

Elles ne sont pas toutes nécessaires, elles ne sont pas toutes bien menées. Mais dans certains contextes de crise, les commissions d'enquête sont souvent la meilleure manière d'aller au fond des choses, d'exposer la vérité et d'espérer progresser collectivement.

Il y a inévitablement une forme d'idéalisme qui préside à la formation des commissions d'enquête. Elles ont une pertinence et une utilité variable, certes. Mais elles sont au fond l'expression sans cesse répétée du refus de la fatalité. Elles charrient toutes l'idée selon laquelle, dans toute tragédie, dans tout scandale, pour reprendre les mots du juge Warren : « sûrement, il y a une leçon à tirer. »

Yves Boisvert
Chroniqueur à *La Presse*

Sources :
DESCHÊNES, Jules, *Sur la ligne de feu*, Stanké, 1988.
MANSON, Allan et MULLAN, David, *Commissions of Inquiry, Praise or Reappaise?*, Paperback, 2003.
WARREN, Earl, *The Memoirs of Earl Warren*, Doubleday, 1977.
Collectif, *Développements récents sur les commissions d'enquête*, Yvon Blais, 1988.
Philips c. Nouvelle-Écosse, [1995] R.C.S.

BIBLIOGRAPHIE

BERGER, Maurice, *La folie cachée des hommes de pouvoir*, Albin Michel, 1993.

CHARBONNEAU, Jean-Pierre, *La filière canadienne*, Éditions Trait d'union.

Enquête publique spéciale. *Rapport du commissaire l'honorable Frédéric Dorion, juge en chef de la Cour supérieure pour la province de Québec*, juin 1965.

GAUTHIER, Robert, *Jacques Normand, l'enfant terrible*, Les Éditions de l'Homme.

PHILIPS, Maurice, *L'affaire Rivard*, Éditions Portance.

PROVENCHER, Jean, *Chronologie du Québec 1534-1984*, Boréal compact.

SZULC, Tad, *Castro, trente ans de pouvoir absolu*, Éditions du roseau.

TÉTREAULT, Bernard, *Claude Poirier, sur la corde raide*, Stanké, 2007.

Documents audiovisuels
Filière canadienne n° 5- L'affaire Rivard, Productions ORBI XXI.

Raymond Daoust, biographie, Productions ORBI-XXI.

Journaux et revues
Ce livre a été écrit grâce à la consultation d'archives de *La Presse*, du *Journal de Montréal*, du *Petit Journal*, du *Dimanche Matin*, du *Montréal-Matin*, du *Devoir*, du *Toronto Star*, du *Montreal Star*, de *The Gazette*, du *Globe and Mail* et de *Allô Police*.

Entrevues réalisées

Michel Auger, journaliste, 28 novembre 2007.

Guy Brochu, retraité, 31 octobre 2007.

Me Philippe Casgrain, avocat, 31 octobre 2007.

André Cédilot, journaliste, 30 octobre 2007.

Jean-Pierre Charbonneau, journaliste et politicien, 20 décembre 2007.

Jean Cournoyer, ex-ministre, auteur et communicateur, 13 décembre 2007.

Jean-Paul Drapeau, policier de la GRC, 25 novembre 2007.

Michel Favreau, fils de Guy Favreau, 24 novembre 2007.

Yves Fortier, avocat, 19 novembre 2007.

Louisiane Gauthier, psychologue, 9 novembre 2007.

Claude Lefevbre, avocat et ex-maire de Laval, 22 décembre 2007.

Michelle Miller, retraitée, 13 novembre 2007.

Gilles Poissant, policier de la GRC, 6 novembre 2007.

Marie Rivard, épouse de Lucien Rivard, 20 novembre 2007.

Me Gérald Tremblay, avocat, 6 novembre 2007.

Michel Trudeau, scénariste et psychologue, 24 septembre 2007 et 12 novembre 2007.

TABLE DES NOMS CITÉS

CRÉDITS PHOTOS

Marquis imprimeur inc.

Québec, Canada
2008